U0056010

在最好的年紀，過得從容而不妥協

Meet a Better Me

蔡侑霖 Danny Tsai——著

作者序

每個階段的你，在與人之間的關係當中，甚至走到人生的盡頭，都在試圖尋找、學習及練習如何愛。

對於什麼是愛？不分性別及年歲，對此我們都有相同的困惑。換過幾份工作、搬了幾次家、談過幾場不怎麼樣的戀愛，故事結局不一定讓你從此過著幸福快樂的日子，但一定刻骨銘心、好壞參半地收入心底，不敢勉強自己再次打開回憶盒子。

我將過去十一年的經驗累積，撰寫成第一本作品《不要在最好的年紀，吃得隨便、過得廉價》，內容闡述最好的年紀就是把握當下，不該反覆追悔過往，尤其那些人事已非的結果。走過的、遺憾的、沒有意義的，都該誠實還給自己。從工作到生活，友誼到愛情，用第三者的立場參透各種關係，最終，你必須原諒自己之後才得以重獲豁然開朗的新人生。而今年，我打破以往「犀利割心、一針見血」的狠勁，睽違兩年後推出全新作品《在最好的年紀，過得從容而不妥協》，是真切想回饋給宇宙一個最暖心的感謝，提醒你要好好享受生活並感受愛。

而番外的商業職場書《刪捨就定位，每走一步都珍貴》，直搗當代青年們的敏感躺平議題，也坦承自己長年飽受焦慮與失眠之苦，在許多夜晚，與另一個無法休息的工作狂自我對抗。如今的我已能面對自己的負面情緒，當恐慌來襲，就轉向頌缽、潛水、投向大海的懷抱，並與自己對話：「我還年輕，未來並不可怕，要學會取捨和放下、學習與不安全感相處，靜下心後，生活會變得快樂許多！」

我也曾陷入最黑暗的時期，忘記問自己是否快樂、自在，如今，我能更真誠的面對自己的情緒與身旁人事物的感受。

這幾年的你，過得好嗎？正因為我們所身處的這個時代，談到愛也不再那麼絕對、肯定不變。從交友軟體到虛擬社群、多元成家到性別議題、再婚到失婚、越齡戀愛到暮年情愛等，讓現代人從談一場戀愛的序幕開始，便面臨更猛烈的衝擊。若渴望獲得簡單的幸福，難度必定提高不少，而這也是愛情之所以直接可愛、純粹無畏，令人嚮往追求的關鍵。

《在最好的年紀，過得從容而不妥協》，真誠記錄了內心深層的對話，你將感受到懇切動人的情感，有別於前兩部作品著重於實事求是的答覆，如今的我，更想關注於愛背後的意義，以及現代人該如何適應關係之中的自己。穩住心之後，面對過去的傷疤，你將不再感到痛苦與悔恨。拋開束縛的框架，進而整理好一個純淨而充滿愛的自己，將善與正面能量再次投射於這個世界。

談「愛」，本來就不是相互討好取悅，請記得永遠保持初衷，兩人相處是擁有調整彈性的默契。對你而言，不再翻閱過去遭受的傷有多痛、遺憾如何使你心碎無助，所有的心結必須由你親手解開。

儘管你們已經不在一起，這本作品將悄悄對你訴說：「愛，能讓我們持續感受到美好、人生變得豐富精彩，別讓自己帶著遺憾，成為無法再愛的大人。」事隔多年，你將體悟到不必透過擁有任何人來證明你的愛有多壯烈，因為你早已經明白，就算不在一起，那份愛也會陪你走向未來。

愛，可能令你措手不及，相遇也沒有任何規則。但愛依舊迷人，沒有理由從此不再面對。我們生活在城市裡，努力地工作、追逐生活的節奏，別忘了有時要試著將心清空，與自己對話。甚至在離開一段關係後，重組環境再開啟新的生活也同樣重要。而《在最好的年紀，過得從容而不妥協》並不是要你委屈求全、享受孤獨，而是在經歷關係及愛過之後讓自己擺盪沉澱，不為了什麼堅持，也不束縛自己緊抓任何期盼，對於生命歷程的理解，你將能自信擁抱未知，並真實認清自己適合什麼。

最終，在最好年紀的你，將感受到愛是一種隨遇而安的從容自在，不妥協地迎接你所嚮往的未來。

目錄

CHAPTER 1

#覺察

理想的關係，由你來定義

#失去

即使不安，也要正視並學著面對

CHAPTER 3

#轉換

終究明白，遺憾總會讓你看清

CHAPTER 4

#自癒

體悟真心，從此不再讓誰耽誤自己

CHAPTER 1

#覺察

理 想 的 關 係 ， 由 你 來 定 義

任誰內心都有一把『感受尺』，
無論是溝通還是調整，
都得替自己未雨綢繆，
別將就速食愛情的糖衣。

01 / 說是在乎，更多時候只是測試你在他心中的分量

這些年，你過得好嗎？

觀心自省與改變後，你交往了一些人，抑或交往了太多無疾而終的人。被你認真確認的感情曾有幾段，吵了幾次架，反覆復合、轉身離開的淚灑情節也演過幾次；而有些人留下的痛楚，成了你這輩子不願再揭起的傷疤。

久違的戀愛，你忘記了要怎麼愛。於是，過程中再三測試及重

組默契，磨合到彼此都可接受的狀態，再試著把感情緩緩投入，暫時收拾起不安糾結，正式為自己有另一半的新生活拉開序幕。

「我們現在是什麼關係？」

「你喜歡我哪一點？……除此之外，還有嗎？」

「為什麼你手機裡還有與前任的合照？為什麼你沒有退追蹤對方的IG、FB？」

成為大人後的你，工作及生活到現在，與不同的對象談感情，當每段關係畫上句點時，似乎總是以類似方式落幕。即便你與那些人的繫絆、模樣有千萬種，但看似美好最終卻失敗收場的感情往往只有一種。

一 保證的人太多，能證明的人卻太少 一

朋友Delphine透過交友軟體認識了一位身高一米九的空少，她的這段奇遇，讓身邊的朋友們震驚不已。當然，我們都知道她實在太想談一段穩交的感情，甚至期盼能有機會穿上婚紗，可以光明正大地讓眾人稱羨她的幸福快樂。

她與這位空少認識不到一週就決定交往，每天下班後見面吃飯，不到兩週就相約來趟兩天一夜的臺南微旅行。沒想到在檢查行李時，她無意間瞥見空少的背包裡竟放有多個保險套，讓生性多疑、小劇場豐富的她，當下傻愣了眼。一路上的旅行，兩人不免多了嫌隙，甚至一再上演「十萬個為什麼」，每半小時想到就問，讓這名空少幾乎要招架不住。

這趟旅行回來後，空少開始與她保持距離，訊息不再熱絡回覆，甚至幾個小時後才已讀，電話有時也未接，即便約會見面了，氣氛卻尷尬無比，最終只好分手收場。她的理由是：「他沒辦法給我安全感！」

就算是與自認還不錯的對象交往，還是得經歷過認識及磨合，不該一次到位就給對方滿分人設。尤其是過日子的節奏，我們內心都有一把明確的「感受尺」，無論是溝通或調整，都得替自己未雨綢繆，為的是少走一點冤枉路。與其害怕自己愛錯人，不如先檢討自己的毛病及習慣是否再犯，少點先入為主的疑猜，從一人獨處走到兩人世界，千萬不要將就速食愛情的糖衣。若你此刻未有著實的心安理得，未來也很難有持續向前的動力。

再三測試過了頭，真正病原是自己的不安！

任誰在談過幾段不怎麼樣的感情，難免心灰意冷，在保護色的防禦下，自然是害怕把心再次交付給不珍惜自己的人。於是總善用同樣伎倆，像是「反覆測試、靈魂拷問」地進行一場類似面試的滿意度調查。若對方說得誠懇、舉止得體，就離預設的安全感更近一些；說得差池、做不到位，除了自己夜裡輾轉難眠、患得患失，也弄得生活雞犬不寧充滿了焦躁感。

認真來說，結束一段關係後，應該需要花點時間休養生息，平靜回想從交往開始到結束，過程中兩人拉扯的錯誤；或者換位思考：「假如我是對方，我能接受自己這樣的相處模式嗎？」、「不同的原生家庭成長，價值觀的不同，是該平衡還是取捨？」、「為何我在這段關係裡如此不安，難道我也給了讓對方同樣的壓力？」當問題被理性的一一拆解，此刻的如釋重負，你將發現自己心態逐漸舒坦，迷霧般的迴路也漸漸柳暗花明。即便曾緊繃看待感情的你，也明瞭可以如何相處得自在坦然。

放寬對另一半的標準沒用，直球對決自己的寬心、寬容

當然我們都知道，談了一場不對的感情不僅傷身、也傷心，換來生活一團糟。很多時候，我們都希望自己的付出也得有相對應的回報，在你選擇愛了，也認定是他時，請記得，即使感情路途崎嶇顛簸，也不要過度付出、向對方討拍刷存在感。每個人都是獨一無二的個體，擁有不可妥協的尊嚴與面子，永遠不要為了感情而失去

自己原有的人格。

無論你們目前的關係為何，你都要對自己寬鬆一點，處變不驚一點，不去預設立場與結局，這樣遇到的人，肯定是會愛你的全部、知道你的優缺點，甚至比你更著急幸福的到來。**經歷過幾次失敗不要緊，重要的是你得為自己好好過日子，讓自己成為冷靜成熟、保有浪漫的大人：因為這樣的你，值得被愛眷顧，也會讓彼此的關係走得更穩、更長遠。**

關係親密還是輕鬆以對，是兩人說好的相處默契，沒有對或錯，只要你活得舒適與自在就好。說白了，當自己學會對人事物的信任與寬心，保持優雅自信的身段，凡事堅持原則但不失規則的信念，又何必畏懼你愛的人會背叛與出軌？儘管不幸發生了，也無須苛責，你終究保有比他更好的立場與價值。

學會被愛與愛人，並懂得適時喊卡，
沒必要緊抓著一段貌合神離的關係。

02 / 我愛你，但你更愛自由多一些

為了在日新月異的城市裡生存，你拚盡全力，忙忙碌碌地為五斗米折腰，還要時時說出好聽且動容的話，以致面具下的自己不僅變得世俗，可能也分不清什麼是真實、什麼是虛假，甚至有時還會被虛榮心蠱惑方向。當夜深人靜，你只想把時間完完全全留給自己，只想逃避一些事情、一些慣性，以及一些不再值得想起的人。你可以讓自身沉浸於回憶曾經，也可以讓漸離漸遠的破人破事，轉變成破繭而出的自省及重啟新生活的可能。

沒人想要演壞人，
但他只想當凡事都好的壞人

想要修練一段功德圓滿的感情，彼此需要花費的時間不盡相同。有的人天生舌粲蓮花，擅長談情說愛，話語句句討喜，使人立刻墜入情網；有的人只顧談情不說愛，到站後，趕緊下車投往另一個人的懷抱裡；也有的人不談情不說愛，各取所需，活在當下，不在結束前先喊停，遊走在曖昧不明的灰色地帶。

愛情人設中，沒有絕對的壞人與好人，只有看穿不說破的「老友」身分，可以知道曾是親暱「你儂我儂」的夢，轉為「你懂我懂」的三緘沉默，問題應該歸咎於天時、地利、人不合。面對愛情的美好，誰都渴望被愛，卻又焦慮被約束，想要得到自由。於是他說，每個人都可以愛很多人，誰規定一個人只能愛一個人？

「我愛你，而我也只愛你一個人！」情感認真的人，誠懇答覆。

「我愛你，但我更愛自由！」情感豐富的人，不失尷尬的回應。

在愛情裡，要知道，獨自「身歷其境」是自欺欺人的迷路。走到半途，已知不會有結局的人，就該盡早放手，然後平心靜氣地分道揚鑣，彼此才能有真正的轉機。單向輸出的情感，好比是使命必達的超人，我們沒有義務要總是付出、永遠不求回報。

最好的愛情，是雙方誠實以對，一起成長，為彼此調整節奏，卻又無須改變性格。學會被愛與愛人，並懂得如何把握，也體悟如何適時喊卡。沒必要和自己、對方過不去，只為緊抓一段貌合神離的關係。

不是他不努力，是你努力過頭，迷失了自己

要遇到價值觀相近、外貌順眼喜歡、願意一同走向未來的人，或許真的不容易。萬一某天，你愛的人突如其來地向你坦白：「累了，我們分手好嗎？」、「說不上來，但就是沒感覺了……」而想要結束一段關係，你其實不必過度的挽留與不捨。單方面投入經營的感情，並無法改變對方想要單飛的決心，此時不論你做什麼，都是亡羊補牢白費力氣。

事實上，山雨欲來之前，多數時候你的內心都有感覺，只是不太願意往壞處想，寧願選擇灑脫看待，欺騙自己是敏感作祟。明知他沒有那麼愛你，也打從一開始就沒有想要一起走向未來，但你假裝了，迷失了，認真了，也患得患失了。理性說來，不是他不努力

經營感情，而是你努力過了頭。**要知道自己的價值及自信何在，請先讓他不去勉強、假裝認同你們的關係開始。**

到了這個年紀，玩夠也看多了，開始嚮往簡單樸實的生活，期望有人依偎相伴過著自在且平靜的日常。渴望自由，不想在愛情旅途中再度迷失，兩人就要好好認識彼此，才對得起對方的時間，也對得起自己的付出。就是因為一個人一輩子太長，而兩個人相識相處時間太短，感情經營更需要用心灌溉。

—遊戲般的情節，你抓得愈緊，他就愈想逃開—

乍看之下，一切都很正能量、每件事情也都一帆風順，光鮮亮麗的背後，往往是缺乏信心的自卑感，一旦遇到爭吵與問題，你通常都會憋屈求全，轉而苛責自己的過失與錯誤。不懂溝通的「失語者」，尤其對於得來不易的愛情更是握緊握滿，只要愛情還在，任何過分要求都會死命達成。也因為如此，對方把你手腳看破，情感勒索到無所適從，於是你將自尊拱手讓出，表面和平的底下，是你的強顏歡笑。

感情是兩人的事，並非是一個人無怨無悔的甘願付出。然而，**猶如貓抓老鼠，只要有一方抓得更緊、管得愈多，另一方就會想盡辦法逃脫、揚長而去，而渴望著外面世界的自由自在。**於是，愛人與不愛之間；感情與自由之間，你們不停拉扯及對立，永遠在天秤兩端爭執。你把他陷在愛情漩渦中，他只好掙扎著尋向另一個人的慰藉。

當愛情出現癥結，說穿了，因為兩人都沒有真正溝通、正視面對，窮途末路的結局，早已預料得到。

無關愛與被愛，內心傷痕累累的你，與其急著尋求平復的方法，不如先誠實面對自己是否真心還想擁有這段感情，千萬不要因為寂寞而投入一段關係之中，不僅讓別人受了傷，你也無法為憧憬的愛情買單。

及時行樂、重視自己的快樂與自在，
滿足當下的需求、
少一點追悔每次未完成的遺憾。

03 / 關係中的 Easy Come Easy Go

全球大流行的COVID-19已經成為常態，後疫情下的新生活，迫使我們學習面對與接受。過程中，我們看見了工作、生活抑或關係的不足與缺失，曾經認為不會改變的，竟也有翻車時刻。參透背後的癥結，你帶著一種小心翼翼的僥倖來適應，以及必須振作的堅強，準備重新布局被打亂節奏的人生。有人學著看待環境洗牌的變化；有人乾脆隨遇而安，先躺平後覺醒，凡事聽天由命；也有一派人活在當下，享受勝過於淚流，既然明天的事都說不定，何不勇敢往前看，管他未來有沒有以後。

隨著疫情生活的變化，現代人的愛情觀也跟著演變，關係來得快去得也快，心境上或許受了傷，但待心浮氣躁過後，便不再執著追求探討「永遠」的真諦。

好友Jerry是外商公司的企劃經理，白天的高壓轟炸總讓他喘不過氣，業績及加班是他每日的重心。然而，家人親友的催婚、父母明示暗示想要抱孫的追趕，讓他只好在交友軟體找對象，配對上了在百貨公司工作的櫃姐。在櫃姐排班時間難喬的情況下，兩人硬是挪出時間見面吃飯，不到兩個禮拜就爬上了床，一切如順水推舟般來得太快，交往不到三個月他就提出結婚的想法，嚇壞了櫃姐。

女方開始訊息已讀不回、不接電話，甚至冷處理婉拒Jerry的盛情邀約，使他整日如遊魂般地失魂落魄。身為朋友的我們要求他趕緊清醒，不要膠著手機為何不來電，患得患失於每一次的訊息提示聲響起。暈船過後肯定難受，家人看不懂就算了，連公司主管也都憤怒警告，日子過得渾渾噩噩，不知情的人，還以為他是人格分裂，殊不知他只是被認識不到九十天的「陌生人」傷到而已。

追求理所當然的期待，卻只得到跌破眼鏡的諷刺

誰說見了面就代表一定有好感？誰說牽了手就代表要交往？誰說接吻、上床了，就表示認定彼此的關係？我們不得不承認，現今時代沒有一定制約的道德觀，確定的只有「當下很可以」、「看穿不說破」這般以氛圍為主的節奏感。拍子上，我們可以共同舞出一首和諧戀曲；旋律結束，一旦窮途末路也得摸摸鼻子轉身離去。眼神確認無誤，心態重新解讀，誰先認真誰就輸。

不要責怪自己總是遇到不認真談情的人，再次闔上即將敞開的心；而是要告訴自己「不要急，慢一點，慢還要更慢一點」，多給彼此一些時間去認識。從聊天到相處，找出共鳴及興趣，談談各自對於愛情的三觀、過往曾遇到的問題及解決方式，一段戀情不僅要打鐵趁熱，也要更有技巧地昇華，除去不安感。

一 期盼真愛敲門，不如先滿足自身渴望 一

遇到瓶頸，我們常會翻書找答案、找朋友閨密詢問看法，拾獲的結果大多都是：「給自己時間跟空間，對的人就會在對的時間，轉身出現！」於是你看待感情，可能逞強灑脫，可能隨遇而安，殊不知其實這兩者的定義是不一樣的。誰都無法保證一定有所謂的「永遠」和「真愛」，但你可以在美好時刻的當下，感受到最棒的氛圍及

幸福。只要快樂了，滿足了，又何必苛求教條式的想法及偏執，要求王子與公主一定得經歷過多災多難，才能過上幸福快樂的日子。既然未來不可知，一切都跟著當下感受走，不也是一件值得歌頌的美麗回應嗎？

從前的我們聽過太多成功模板，非得照本宣科、依樣畫葫蘆，才可以得到結果。然而，今非昔比，多數時候我們希望與心裡良善的天使共存，於是正面思考、不走冒險犯難的小道，才能不被內心的惡魔打敗；但事實是到了最終，我們屢屢發現，比自己還要清楚了解自己的，往往是心裡的惡魔。

活在當下，讓人更能把握珍惜。「Easy Come Easy Go」是讓我們在關係中更舒服、更有安全感的相處模式。談真愛，是老掉牙的舊觀念，滿足當下的需求、少一點追悔每次未完成的遺憾，對於活在後疫情時代的我們，也算是當代新興見解才能給出的安全感。

放寬標準不設限，
儘管有「黑暗面」也無傷大雅

時間總是不留情面地帶走人生的好與壞，過程中你受過傷、多了一些恨。及時行樂的你，把自己打理好、重視自身的感受，希望此時所做的，都是開心、不會後悔的決定。即便現在沒有好事發生，但也不代表自己不夠完美或不夠優秀，只是「未到」的「未來」還在路途中。當下你該做的，就是讓現在的自己更自在、踏實地過好每一天。

就算內心時不時浮現出負面的暗黑心理也無傷大雅，只要你誠

實正視自己曾受傷的瘡疤，**自省問題背後的意義**，往後遇到珍愛我們的人時，也會知曉自己的價值何在，錯誤更會同步減去許多。

日子已經夠忙、夠亂，太較真看待感情的人，大致都是同一類人。回憶為我們帶來試驗，但也默默附加有趣的可能。放鬆一些標準，放寬一點原則，拋開擇善固執的防備、世俗教條的絕對，人生中所經歷的每個過客，有人有趣也有人無聊，可能使過程形成黑白抑或彩色，全都是上天安排要你拾起豐富人生的顏料。

新的人生，遇見『心』的人，
領悟『放下執念』對於你或他，
才是能喘口氣的解脫。

04 / 無動於衷的冷靜太多，怦然心動的情緒太少

好友 Peter 與他在上海的男友因為疫情蔓延，封城前兩人分手了，分開至今也有三年多的時間，彼此都有了各自的生活方向。事過境遷後一切相安無事，只是記憶裡不免仍增添了一份「未完成」的眷戀。

人到了一定年歲，對於過往，通常不再頻頻回望，不論是非好壞、恨過還是摯愛，或者刻骨銘心的過客情愛，甚至藉由誰的出現來彌補淡忘分開的不愉快，以及哪個人說過又沒做到的承諾。好友

Peter是性情中人，一天夜晚與他聊聊這段回憶，除了眼眶泛紅，更多時候則透露出遺憾與挫敗，假設當時的安排不同，結局會不會是不一樣的改寫。

時間是現實殘忍的，讓相識相愛的兩人，有了開始，卻沒有過程與結束。想要在繁華世界中結識知己，不是經由同事、親友介紹，就是透過網路社交平臺結識。有人是自己的理想，卻不是能走在一起的伴侶；有人外表乍看不順眼，卻是相當合拍、無話不談的朋友；更有總是讓自己心動，卻無法使自己心安的人。

如同達爾文的「適者生存」，在每個世代的情感演化論中，人們總是歷經輪迴般的考驗，患得患失的闖關成功，失敗後再重來，只為獲得「理想的愛情」。

拾起對愛的浪漫感性，拋下預設立場的無謂理性

我們是那麼地渴望愛，但要忽略過往傷痛的深淺程度而再次把心交出，究竟要花費多大的勇氣與自信才能做到？尤其年紀愈長，顧慮愈多，以致戀愛的過程中對方給你貼上「不好搞」的標籤。於是你反覆糾結檢視問題的來源，甚至替自己判下「不適合愛情」的死刑，認命上天對你的詛咒安排。

然而，在掙扎之下，你嘗試把那份詛咒變成祝福，雖然用心經營，很多時候可能又因「沒感覺了」、「看不見未來發展」、「缺乏安全感」，而終結關係。穿梭於一段又一段的測試，小心翼翼，只擔憂成了對方的絆腳石。

要不要試著拋棄無謂的消極悲觀呢？像是「我們真的適合在一

起嗎」、「訊息總是已讀不回，他會不會背著我偷吃出軌啊」、「我真的配得上她嗎」這類的預設不過都是你內心小劇場太多，無助於人生的發展及後續的造化。唯有打破多重負面思考的魔咒，不再為腦袋注入沒營養的心思，練習看好未來，才會同頻共振到對的人來與你相愛。

— 無緣分的人，結局早已註定 —

即便最終因沒有答案而畫上句點，徒留遺憾與傷感，事後，你仍要笑看上天的用心安排。已經沒有任何關係及聯繫了，只要問心無愧，就不該持續懲罰自己，只要「淡然成全」對方就好。你有你的生活要過，他有他該前進的地方，誰都無須再次綑綁彼此，在新的人生遇見「心」的人，是你必須學習面對的功課。

起初，或許會不捨、不甘於對一份愛的投入，瞬間被抽離而沒有了他，於是失魂落魄，對生活也難以適應。不妨靜下心來仔細想想，領悟「放下執念」之於你或他，才是能喘口氣的解脫、看見未來的開始。提醒自己，你依舊值得被記得、被愛、被呵護，下一次遇到「心」的人，對方也將會愛我的所有。

一 寂寞時刻不談愛，多數只會越談越爛 一

若由於極度渴望身邊有伴，於是亂槍打鳥，先求有再求磨合，過程中你雙眼緊閉，這樣覓得的人絕非是真正合適自己的對象。甚至逼迫對方承認關係，在社交軟體上曬恩愛、放閃、宣告，多數的經驗告訴我們，最後終究還是不了了之。

沒有任何了解的基礎所建構的感情，至多三週就會現出原形。一開始你可能還會試著求和，後來發現對方認真了，無趣了，三觀走偏了，只好退回最初的陌生關係，拉黑終結這齣荒謬的鬧劇。你不是不夠好，只是心太急、步不穩，被寂寞帶著轉圈，因不理性地開始，而感性地結束。

一個人生活，是練習把狀態調頻到與另一個人相處前的準備。談感情本就不簡單，是你想得太過於簡單。

分開時記住相處時的美好，優雅地轉身離開

有些愛、有些人，留在曾相處的美好記憶裡就好，不該鑽牛角尖的全盤檢視問題或無解意義上，既然沒有在一起的緣分，你就得

學著做個成熟的大人，勇敢面對放生，是使自己誠實走出情傷的唯一方法。不須活在回憶裡盼望起死回生的轉機，或因為情緒而交惡悔恨，留給自己喘口氣的一絲空間。

當代愛情，既現實也實在，能不能走到終點的未來，並非單方抉擇或時機不對，關鍵全在自己身上。你對自己好才是真正的好，不停留於一廂情願的單戀，獨自認真付出的愛恰如竹籃打水，終究是一場空，沒有意義也格外諷刺。

愛無關年紀，

心態放寬一點、相處就放鬆一些，

何不任性一回，讓浪漫來作主。

05 / 承認吧！誰不愛新鮮有趣的年輕皮囊？

不夠世故的言談，外貌青澀，態度得過且過，只因他們還不懂未知明天將發生的恐懼。

年輕是本錢，努力揮灑青春，勇氣可嘉的挑戰無極限，失敗了也沒人會在背後說三道四；年輕是活力象徵，感受情愛與費洛蒙的氣息、汗水與眼淚的隨心，沒人不愛如此挑逗粉紅幻想的慾望。

我身邊就有一個性格與美劇《慾望城市》主角之一莎曼珊

（Samantha）相似的女性友人Sandy，總是給人一種「主動的、積極大方的、有點強勢控制的」印象。這幾年她在工作上表現得風風火火，擁有一家穩定經營的公司，雖然事業有成，但私生活的男伴卻是一個換過一個。對外，她說他們只是「男性友人」，我們聽了也總是會心一笑。

這些「男性友人」的週期，猶如隱形眼鏡的壽命，日拋、月拋、季拋。每隔一段時間，就會看見Sandy患得患失的對我們訴說：「**談感情，各取所需就好，沒有什麼童話，只有誰不被辜負、不被牽絆才是最真心的對待。**」她的感情觀既犀利也不囉嗦，但過程中要承受的高風險及高壓反饋太大，並非一般人負擔得起，若沒有足夠的本領，遇到這樣的她，分手後絕對會哭得肝腸寸斷、失魂落魄到懷疑人生。

也或許正是這樣的人格特質，吸引了理念相通的都會男女，多數都是舉雙手贊成，稱羨她「利索爽快」，讓城市裡工作繁忙的人們，情感當中多了紫醉金迷的慾望氛圍。

我們需要青春活力，他們需要成熟穩重，各取所需

一個人的一輩子太長，不知如何填滿自己的感情；兩個人的一輩子太短，不懂如何妥協彼此的原則。工作已經夠操煩了、灑狗血的職場人際、開銷與生活的重擊，私生活的你想談一場「心安理得」的戀情實在過於遙遠，究竟要花多久時間來經營與安撫，花費多少精力與內心戲去斡旋，沒人可以給出標準答案。

到了一定年紀，你承認自己需要年輕活力來讓自己紓壓及轉移注意力，了解新世代語言、追求新的價值觀，甚至從他們身上看見了「單純、直接、可愛」的嚮往。但在夢醒時分，又希望懵懂無知的他們，不要來煩你，最好安靜不多話，回到孩子般酣然入睡的狀態就好。

對年輕的他們而言，也想找尋安全感的依偎及穩定，想要有人像軍師般給出見解，以成熟大人的魅力給予包容和鼓勵。但，當回到現實相處，他們彷彿具備人格多變的切換，不願長時間與嘮叨的成年人太近，甚至認為「夠了吧、有完沒完？」過程就像童話故事的灰姑娘情節，時間到了就得回到原狀，多一分少一秒都不行。各取所需的關係，不可否認是現代人看待「順其自然」的情感走勢。

可愛是可愛，但代溝是壓垮相處的稻草

即便嘗試磨合、努力敞開心扉，我們終究還是從相處中得知彼此的「價值觀不同、金錢用度不一樣」，進而產生更多的爭執。冷靜後的你發覺，與過於年輕的人談感情沒有不好，只是必須花太多時間來溝通，但聽進去的人有幾個？就算好言提醒，不見棺材不掉淚的他們又怎能知道我們的心意？

即便早熟或踏入社會較早，不到關鍵年紀，沒有足夠的經歷與人情世故的拿捏應對，更多時候，他們就像「穿著大人的衣服」，說著不切實際的無稽之談，一回到感情的現實面，又各持立場卻不服輸地莫名堅持。明知他們的論點不是道理，而是自尊的鞏固，包容幾次後，你最終還是無法跨越心裡那道過不去的坎。

但也別拿上個世代的教條鞭打他們，感情不是工作，更不是拿來說教的長輩經。與其讓自己三不五時露出「虎媽狼爸」的人設，跟當代年輕人談情，倒不如先學會切換自如的本事。愛情有許多可能發生的途徑，千萬別讓自己嚴格的標準，成了絆腳石。心態放寬一點、相處放鬆一點，何不任性一回讓浪漫來作主，你也會變得討喜、可愛一些。

愛無關年紀，提醒自己保留一些對愛的天真

經年累月的工作磨練，已讓我們慢性世俗化，對於人事物的決定及安排，容易預設立場及做出悲劇打算，不僅變得凡事看不見優點，更多時候甚至習慣貼上刻板標籤，煞風景的回應：「都幾歲的

人了，買花不如給我現金比較實在」、「晚餐吃完就趕緊回家，散什麼步，白天已經夠累了」聽起來稀鬆平常的回應，卻給另一半的刻意用心潑了一盆尷尬的冷水，不僅抹去別人對我們的好，無形中也成了鬧場的人。

換個角度來看，跟年輕人談感情最好的優點，就是能讓自己保有天真，無論這份延伸是影響生活、還是對工作的看法，甚至是關係的經營。**你會開始放慢自己的腳步，逐漸用不同觀點、切角看待事物**，他們的出現，不一定百分百是誤事，也可以是你成功找回「赤子之心」、「愈活愈年輕」的祕方。

生命中的人設，是演什麼像什麼，
你可以擅長演戲，
也要提醒自己隨時能出戲。

06 / 期待過好日子，但也怕過得太好

臺北是個步調相當快的城市，我們花費很多力氣講求效率、看數字說話，以確保自己能踏在應有的生活節奏上。於是，讓人看見你的氣勢，也成了一種生存本能，從身背名牌包到上哪間米其林餐廳、在社群軟體曬出男友買的定情戒指、全家人出國旅遊的合照，抑或光鮮亮麗與朋友在街道一隅喝著咖啡……種種隱藏較勁的炫耀，諷刺著背後的不服輸、自卑及焦慮。幽默的是，我們都期待過著好日子，卻也怕日子過得太好。因為過得太好，付出的代價總是挾著慘不忍睹、打腫臉充胖子的荒誕離奇。

Lily是我在時尚雜誌當編輯時的女性好友，年紀輕輕二十四歲就有嚴重的躁鬱症，但這件事情只有幾位較熟的朋友才知道，因為她愛面子不服輸，也深怕別人用異樣眼光給予同情和關懷。於是，白天工作及私下生活的她有著兩種面貌。

多數時候，她是一位品味極好、聰明俐落、面面俱到，輕易便可獲得讚美的自信女孩。時常把自己打扮得比明星更像明星，穿著亮麗洋裝，手拿名牌小包，彷彿走在典禮紅毯上的妙齡女郎。

但一到了深夜，焦慮及躁鬱來襲，她便會立刻陷入最黑暗的地獄裡，情緒的負面低迷、對人事物的無力無助，都讓她只能窩在家裡、躺臥床上一蹶不振，經常失聯三至四天完全無聲無息，手機沒電關機了，她也毫不在意。私底下的她並沒有真正交心的朋友，更遑論一份真摯的愛情。她渴望擁有正常的人際關係，但又害怕別人看見她的黑暗、狼狽的受傷，不敢靠近而遠離她。

在愛面前，請勇敢地呈現真實的自己

當黑暗情緒上門，直接侵蝕你的好心情，一竿子打翻所有你與他人好不容易建立起的信任與默契。於是，事與願違的情況一再發生，你開始自責與膽怯，影響到工作及生活，沒人理解你的苦楚，更是替你貼上「最糟的爛人」。在手足無措之下，愈來愈迷惘，深陷輪迴又困窘的迷霧之中，除了逃避及自卑，大起大落的情緒交錯，真實又錯愕地輪番上演「裡外不是人」的鬧劇。說到愛，你把它推到門外，甚至列入一輩子肯定都碰不得的東西。

親愛的，請相信自己，你才是最棒的醫師，能為自己治癒傷痛。在愛面前，試著用勇氣敞開心房、對人多些信任與信心，勇敢地呈現真實的自己。**無論你是誰、有著怎樣的人設，一定會有人看見與疼惜你的脆弱，一定有人愛你。**

一 你，就是自己最有感的貴人 一

你總是汲汲營營想找到貴人，協助人生中遇難的每個未雨綢繆，但兜了一大圈，見慣了人情冷暖之後，才發現真正的貴人，其實是自己。只要心態對了，做什麼都能如願以償；心態偏了，卡關的事物便接踵而來，漣漪效應下的作用，環繞自身的倒楣，也會不由自主地歪打正著。

無分性別或社會位階多了不起，在愛之前，每個人都需要勇氣、信心及能量。

別再自我欺騙、得過且過的裝糊塗，誠實看待自己的所作所為，釐清真相也認清事實，學習面對人生的曲折離奇。當你能量滿滿、自信充沛、舒心踏實，每件事情就會如有幸運之神眷顧般順利。但在這之前，**你是不是可以再努力一些、打破規則去改變現狀，認同不同靈魂且人格多重的自己。**下定決心破釜沉舟，就不會再有擔憂自己不如人的困境，相信重新找回自己後，你絕對會比故步自封的以往強大許多。

一你我都有病，只是程度不同一

生活在高壓下的我們，都在努力詮釋如何能表現得更好與怎樣可以更上層樓。總是繃緊了神經，心跳加速，無關有沒有能耐、本事，任何時候就是得讓自己完美登場。過程中，我們疏忽了沿途美景的悸動、哪個人對我們說了什麼，以及自己在一天當中真正的感受又是如何。

擅長隱藏的你，頓時發覺身體的疲憊可以藉由睡個好覺來恢復體力，但心靈的傷及空洞，卻無法藉由安眠來平穩能量。長時間下來，靈魂深處的自己已經沒有感知，壓抑的情緒反覆積累，究竟何日爆發沒人可以掌握得住。

生命中的人設，是演什麼像什麼，你可以擅長演戲，但也要定時提醒自己，能隨時出戲。

這個世界已經夠讓人操煩，沒有人是體無完膚的活在當下。對於愛與自己，兩者肯定是同時並行，你受過的傷、曾走過的冤枉路、遇見不夠珍惜自己的人，都必須好好放下、坦然面對。你我都一樣，都是在捨取之中看見柳暗花明。試煉也好、成長也罷，**愛，有時候是殘忍打開糾結，斷捨離後擁有釋懷的一片自在。**

當自己的心穩住了，
就不再受限於無情無愛的關係裡，
也不再背負著遺憾過日子。

07 / 公歸公，私歸私，從來都不是一種平衡關係

青春時的一念之差、不告而別的劇情，日復一日在這個城市裡上演。也因為這樣，我們常常說著「後悔」兩個字。當你離開的時候，如果那個瞬間我懂得珍惜，如果那個狀態我能夠釋懷原諒，或許，我現在可以過得更好。

那年，我在北京的好友Jimmy和長跑八年的女友Julie要結婚了，他們是伴侶，也是工作上的上司與下屬，這個組合的確奇妙，白天是共事的夥伴，私底下卻是如膠似漆的戀人。形影不離的關

係，連喘口氣的時間都沒有，後來從他們口中得知：「因為工作繁忙，沒時間認識其他人，工作為重也想結婚，近水樓臺先得月，於是硬著頭皮談感情。沒想太多，就默默走到現在。」只是結局並非如大家所預期的，王子與公主從此過著幸福快樂的日子，而是老闆的一道命令加上一張機票，女友Julie升官且飛到越南管理整個廠房。

好勝心強的她，嘗試用最好與最壞的方法跟Jimmy討論，等候多時的機會來到，最終不是兩人一起去越南發展，就是變成遠距離戀愛。他們都年近四十了，雖沒有結婚證書的綑綁約束，卻有工作關係的束縛，事情演變的結果，他選擇長痛不如短痛，放手讓她去追逐夢想。遺憾分開後，公事不再對接，私生活斷了親暱口吻，退回到最初的同事尊稱。

可以真正放下的那一天，你也終於學會了愛人，獲得自由

愛情總是匆匆的來，又匆匆的走，離開一段關係時若沒有得到真正的解答，這個不甘、遺憾及悔恨，將隨著年紀愈大愈感困惑。如果揪著心結走到下一段感情，重蹈覆轍而無法寬心地真誠對待下一個人，你也無法坦然接受及享受新生活。

愛的成分有許多，當然也含括了一眼瞬間的喜歡，但同時也孕育了在喜歡之外的很多複雜情感，如：欲望及自私。於是你總是牽掛，曾經的不甘和遺憾、記憶裡的悲痛與憤怒對話，或許有可能**發現你並沒有原諒當時的自己，枷鎖跟隨青春前進，年歲漸長，愧疚與自責也一同被豢養長大。**

唯獨讓自己寬心領悟，將看到真愛會以不同形式來訪及存在；

直到你可以真正放下的那一天，終於學會了愛人，獲得自由。

生命難有平衡，懂得取捨，才能不再後悔

年輕時候誰不犯傻，既然對生命旅程已有選擇，各自將有最好的安排。你曾經擁有的那些未完成的考驗、沒有緣分的遺憾、落淚心碎的、輾轉難眠的扎心，現在看來似乎不免年少輕狂，其實都是最純真、深植於記憶裡最濃厚的情感。

假設有一天，上天安排讓你與舊情人見一面，你想告訴他什麼？又會做出怎樣舉動讓自己不再後悔？

現在的你，可能不會再後悔了，抑或明白該如何面對，才能夠

讓後悔再少一些？然而一切並沒有最佳的答案。但，你已深刻發現，既然錯過了彼此，就要練習去放下對方。我們不妨誠實一點，當時的你可能不經世事也太過年輕，沒有能力去承擔、去解決問題，就算有人總是讓你心碎，有人沒有赴約，有人出軌偷吃了，**一旦你的心能穩住，就不會受限於無情無愛的關係裡，也不再背負著遺憾過日子。**懂得取捨之後，你將恢復愛人的能力，至少會願意為曾經錯過的故事再努力一回。

成年人看待感情是『好聚好散』，
不必刻意聯絡，才是最好的祝賀。

08 / 究竟是為你好，還是對自己最好？

回憶起學生時期銜接兵役的那年，好友 Ziv 與初戀女友分手了。這件事對於我們這些旁觀者而言，實在感到很驚訝。年少輕狂的轟轟烈烈，彼此在手臂刺上對方的中英文名字，並約定好在他退伍那年，就要向女友求婚，辦一場好友限定參加的美式下午茶求婚典禮。

乍聽之下，一切多麼讓人稱羨。沒想到，大他六歲的女友，卻閃退了這樁安排，只因「看不見未來，不想再耗下去了！」這樣莫須有的理由，不僅兵變也放棄了交往三年多的感情。在軍中的他，肯定承受不住這樣的打擊，多次打電話跟我們這群朋友訴苦自己想輕生，甚至鬧到雙方家長來到營區商談挽救的方法。

故事的最終，他只好默默釋懷女友已變心的事實，只是反覆回想，沒有任何預兆，也沒有任何爭執與冷戰，說變心就變心，不愛就不愛了，三年多的感情怎可如此涼薄，她為何連一個虛假偽善的理由也給不出來？

分手後半年左右，某天夜裡接到她的來電，她告訴 Ziv 說當時懷孕了，孩子不是他的，為了他好，只能快刀斬亂麻，義無反顧地提出分手。聽完，他二度崩潰，原來兵變的女友不僅懷孕，還早就替他扣上綠帽。為了讓 Ziv 徹底死心，女方告訴他最血淋淋的事實真相，還再三提到：「都是為你好！你可以找到比我更好的女孩」。

身邊的朋友們直擊這件事由序幕到尾聲，除了覺得他很傻之外，女方竟如此不負責任，打著「為你好」三個字，就想將責任推得一乾二淨。但理性檢視，「為你好」的確很好用，它能使一個人瞬間被擊敗、內疚滿滿，甚至認為全是自己的錯才導致悲劇。現在的他已經走出來了，也放下年輕時的懵懂無知，更加成熟看待每一段感情的相處過程，只是遺留在手臂上的刺青，卻成了初戀最諷刺的印記。

「別讓我失望、你可以做到嗎？」是為了掩飾內心的不安全感

愛一個人是呵護及包容，過程中不斷調整自己的節奏以配合他前進的方向，取捨是為了關係中的真正平衡。相處一旦失衡，抑或

有一端過於非理性強勢主導，時間一久，藏在內心的壓抑、忍耐、不安與猜忌，遲早會像火山爆發，失控過後的局面可想而知是多麼的不堪，留下的疙瘩，對愛情是一種無法言說的尷尬。

關係中無理的強悍者，嘴上總是說著「別讓我失望、你可以的、你能做到嗎？」以命令般的口吻來掩飾內心的弱勢，其中也包含了不想被拆穿的不安全感、自卑作祟。多數時候，強勢作風是一回事，背地裡的真實情緒卻是自私，害怕利益被奪走後而受傷，於是狠下心先對另一方殘忍。

認清事實，劃清界線，別再回頭等待

直面已受傷的心，也正視對方不是真正愛你，認清這樣的事實後，劃清界線，調適心境振作，後續是否還能是朋友其實無所謂，只要別再想走回頭路就好，不再死命苦等對方會發現你的好，更不該期盼與他重新開始。

此時的你需要時間撫平傷痛，拋開過往的舊習慣，檢視自己的生活與工作，甚至過日子的節奏，充電後讓自己恢復能量。**一旦釋懷，對於這段關係裡的好與壞，無須掙扎抑或念舊，更別懲罰自己來讓對方施捨同情。**成熟的感情是「好聚好散」，不必刻意聯絡才是最好的祝賀。

也有許多人選擇不聞不問，讓自己沉溺於哀傷的漩渦並持續糾結與迴圈，看著手機失魂落魄，聽著兩人都喜歡的音樂悼念曾經，回憶著每個一起去過的景點，溫習相愛的片刻畫面……作繭自縛地把自己丟進過往的跑馬燈，困在一個不見天日的角落恨著對方。誰都明白堵塞你胸口的煩悶及無力，所以你得原諒自己，才有可能找回自由。體悟了，放手了，釐清真相了，就別再執著，喘口氣後為自己找回最初的優先權。

一鬆開沒有意義的關係，是對自己最好的解脫一

無論是經歷感情中哪一方的暗自測試，沒有過關的愛情已被打了死結，卻沒人想解開表面的假美好，誰都不想公布最壞的結局，只能一拖再拖，等著時間打擊，一場讓你措手不及的難堪。

為了讓壞人不要那麼壞，而寧願詮釋「好的壞人」說出冠冕堂皇的「為你好」，誤導對方及看戲者的同情及惋惜；換言之，究竟事

實是為他好，還是害怕自己被再次於傷口上撒鹽，都已經不是值得再去追尋的答案。然而，其實自己內心都明白「他已經不愛我了」、「他只想趕快結束這段關係」，才是一連串障眼法之下的真相。

鬆開沒有意義的關係，對自己是最好的解脫；離開不愛你的人，才能停止磨難而重生。

從開始到結束，
儘管有錯，都得誠實面對，
做好適時的停損，
讓記憶少點缺憾、少點悔恨。

09 / 壯烈付出後，我愛你愛得好小心

檢視這幾年的感情觀後，你試著放下小心翼翼的本能反應，鼓勵自己多去參與不同圈子的飯局與聚會，對愛情也因而展現出隨心所欲與順其自然的態度。過往的傷口及遺憾，隨著時間推移，解讀也變得不盡相同，你不再眷戀轟轟烈烈的難分難捨，也改變既往的個性與堅持，更多了心靈上的舒坦，以及輕鬆過日子的節奏。

北京好友 Lisa 是位不可多得的房仲一姊，每天帶無數組客人前去看房，同時努力把生活與工作、甚至十四年的感情維持呵護好，

一切表現稱得上「完美人生」。在她三十七歲生日當天，男友竟然在生日派對後、即將散場前，毫無預警地提出分手，而且早就把家裡他的衣服、鞋子、浴袍及名牌對錶……全都整理好，等著搬離同居的公寓。

這樣的震撼打擊讓她又驚又氣，搞不清究竟發生了什麼事，毫無任何爭吵及冷戰，多年的感情在一夕之間畫上休止符。到底怎麼一回事？

當所有人都一頭霧水，不知她男友為何有此舉動時，Lisa在床頭櫃上發現一張男友刻意留下的小卡，上面寫著：「雖然這樣做很自私，在妳三十七歲生日提出分手。謝謝妳愛我，也願妳可以找到合適並包容妳脾氣的人！」簡單的一段話，卻讓她原地呆滯快五分鐘。朋友們安撫她的心情，但卡片上的文字，似乎也暗示背後真實的殘忍原因，可能不光是表象單純理念不合而分手，更像是兩人私下缺乏好好溝通，得過且過地逃避問題，包含情緒及個性相處時的磨合對應。

將近快半年的時間過去了，她也漸漸領悟到問題出在哪裡。一個人的脾氣差，對彼此的愛，會是一種慢性的無形傷害。

當主詞總是在自己身上，久了就成了自以為是的人

愛一個人，總會無止境地包容對方，試圖從優點來遮掩缺失，說服自己：「他是完美的」、「他肯定會為了這段感情而有所改變」、「因為他愛我，一定非常重視這段感情」。只可惜人總是抵不過自

尊與時間的考驗，相處愈久，所有的信念與承諾都將被嚴厲考核。過得了這關，還有下一關等著；若過不了關，只好曲終人散，退回至最陌生的初識，不再為已逝去的甜蜜隱忍挽留。

包容一個人到了至高點，已是仁至義盡，不該讓對方總是予取予求你的耐心與同情，那些無理的「會哭鬧的孩子有糖吃」、「你是我男／女朋友，難道不能幫我弄好嗎？」一連串以自我為中心的質疑，卻無視被指責的一方內心充滿委屈，懷疑這段感情究竟有何意義？是否還有繼續走下去的動力？

從牢騷到抱怨，悔恨到怨懟，許多時候我們只在意自己在乎的事。當局者迷，在愛情裡的我們容易不經意把自己放大，尤其在面對利益或乞討時，投射反應下的嘴臉，更令人心灰意冷。得理不饒人的執著，不僅難溝通也使人對一段關係容易斷念放棄。

不是他所想的幸福，配合久了，才發現自己什麼都不剩

好不容易如同天降甘霖般擁有一段關係的開始，感謝他無意間闖入你的生活裡，為了把握戀情，你用盡全力緊抓不放，多麼害怕有一絲一毫的閃失及愧對。對外，做足面子給他風光及優越，以及無微不至的呵護；對內，百依百順只為討好他的需求，不想讓他埋怨你的愚昧及配不上。

久而久之，你發現自己像個僕人，侍奉高高在上的主人，只要感受到對方情緒稍有不耐與抱怨，你也會不開心一整天。他的情緒影響到你，而你的情緒他卻不在乎。不對等的關係與時間賽跑，直到徹底覺醒後，原以為他會回過頭好好珍視，沒想到卻隨手將你拋棄。

任誰都嚮往擁有一套幸福劇本，殊不知，美好的夢境總是非常

短暫，自認為理所當然的下一步，卻被現實生活殘忍打醒。像是在疲倦之中做了一場好長、好長的夢中夢，無助又辛苦，對方不領情，還在結局之前將你推往真實的噩夢，只輕描淡寫留下：「你所想的，不是我要的幸福，對不起，我們真的不適合！」

兩人攜手的過程，別總是自己一人好聲好氣地埋頭前進，適時讓對方主動關心及攙扶，會讓彼此更了解各自的需求、問題的來源，減少因失衡的頻率而扼殺美滿的正果。

一 無傷大雅的他，傷痕累累的你 一

說好的相處模式，也說好試圖調整彼此的脾氣及個性，天真的你將心全盤託付給他，卻發現對方時常忽冷忽熱，面對事情總是軟

弱及怠惰。關於這段單一投擲的愛情，你其實都知曉他究竟有沒有認真愛著你，就算有精準的直覺，但你仍然嘗試再次欺騙自己。你不是他的首選，而是他填補無聊時間的備選。

多數人談愛，總是小心翼翼的對待那個人，只因深怕再度錯失一段好事多磨的感情。於是開始將對方的藉口合理化，強迫自己去適應他所要求的生活習慣及價值觀。然而，終究走不下去的兩人之間，其實早有徵兆般的黃燈閃起，不擅長承擔結果的他，更多時候拱手把機會讓給你來布局，於是整個過程造就了無傷大雅的他，獨留傷痕累累的你。

生命中總有糊塗的時候，從學習愛的開始到結束，儘管有錯失或困惑，都得誠實面對、釐清真相，做好適時的停損，理性處理無緣的戀曲，讓未來的回憶少點悔恨。

多些時間讓彼此好好認識及磨合，
少點衝動與非理性的承諾。

10 / 保持質疑，要用習慣公式來驗證自己的準確率

世代變遷，「交友軟體」成了現代人找尋另一半的途徑。無聊時，彼此從螢幕的圖文，交織幻想下一步可能的感官刺激；趁著夜深，彼此聊起不用負責的曖昧言語。直到說好要見面的那天，兩人拿出最不失風範的自然模樣，製造沒有落差感、一見鍾情的氛圍，只為了顧足面子，讓對方留下深刻的好印象。

在大城市生活，自然孕育了許多懂玩也懂工作的飲食男女，我在百貨業擔任企劃的女性友人 Aggie 就是其中之一。她在談了多段感

情後，對於「與男人約會」這件事早已習以為常、見怪不怪，她用熟悉又幹練的方式委婉解釋現代人的通病，不外乎就是某一方提早深陷「自己太入戲、想像太豐富」的渴望，對愛情的過度嚮往，卻換來「先認真就輸了」的結果。

原以為女孩比較容易受傷，誰知當代男孩的內心深處也很「玻璃」，容易過度較真誰付出的多、見面就得在一起的衝動認定。暈船之下的失魂落魄，日常作息患得患失，讓這群飲食男女，逐漸開始害怕面對愛情、更加認同世上沒有「永遠真愛」這回事。

一 每次見面不是約喝酒，就是去你家 一

一旦陷入各取所需的狀態，沒有人會犯傻多問：「我們現在是什

麼關係？」、「你喜歡我嗎？」單純享受當下對彼此都好、都舒服的氛圍，也不像以往約會的模式，總是匆匆的來又匆匆的走，睜一隻眼閉一隻眼的若無其事，不願被愛情綑綁人身自由，誰說天長地久，倒不如不再苛求當朋友。

管你是最佳的床伴還是飯友，只要能填補慾望，沒有時間限制與情感牽絆就好。取暖過後，繼續選擇新鮮的陌生人。輪迴般的循環，孤單與落單總是相伴而來，最終也只換得心更累、靈魂更倦。年歲一年比一年更長，再好看的皮囊有天也會人老珠黃，寂寞的吞噬讓人對生活感到無助、毫無目標。

一以愛之名，消費你的善良，慢慢剝削你的全部一

因為太害怕看到他的失落表情，於是你扛起、擔起莫須有的義務與責任，使命必達每個關於他的好與壞。理由很簡單：「未來，我們是一起的！」、「知道他不快樂，我會擔心；但他不需要知道我會不快樂，因為我不可以讓他擔心。」總有些無心的人擅長掌握他人的弱點，尤其在相處時感受到對方「愛自己比較多」時，能剝削多少算多少，而被感情沖昏頭的人，只要對方不要放手，大多甘願做牛做馬，就算要他放下自尊也不是一個為難的要求。

等到時間久了，才慢慢察覺苗頭不對，發現所承受的壓力也只是自己當時的一廂情願。而你以為深愛自己的他，卻沒有絲毫憐憫的同情，更將責任推到你身上，沒人脅迫你得對這份感情認真。騎虎難下的窘境，你的心卻早已無法離開他，相較之下，他卻愈來愈

快樂，你則愈來愈無助。

直到臨界點到來的那天，你依舊給予對方下臺階的機會，始終認定你的善良總有一天會感動他，甚至回頭是岸。殊不知，他早已算準時機隨便搪塞一個藉口，讓你主動終結這份關係，而他，直到最後也不願當主動提分手的壞人。

才見幾次面就在一起，換來的可能是遍體麟傷的悲劇

「為了他，開始睡不好又輾轉難眠」、「經常在消失兩天後，才回覆簡短又敷衍的訊息」、「無時無刻都在等待手機的鈴聲，分秒想知道他究竟有沒有認同這段關係」。才剛約會不久，你已經將

自己逼到快要崩潰且發瘋的邊緣。戀人未滿的關係，不甘失衡的對待，於是你折磨自己再次掉進死胡同的迴圈。

承認吧！明明就知道他沒那麼喜歡你，還是幫他備好了合理的藉口。**無論是小火慢熬抑或一見鍾情，都得要在愛情來敲門前，先經歷「停、看、聽」的動作。**多些時間讓兩人好好認識及磨合，少點衝動與非理性的承諾，千萬不要閃速脫口：「我們在一起吧！」、「愛，就是要衝動做決定」。事實上，多數時候可能不到幾週你就被傷得體無完膚，失落離去。

從喜歡昇華到在一起，交往相處時候，請努力找到彼此同頻率的話題及興趣。有共鳴，關係才會更保鮮、延展相知相惜的壽命。

CHAPTER 2

#失去

即使不安，也要正視並學著面對

當下一段感情來敲門，
提醒自己別再犯錯，
多點參透對彼此的認識，
讓理性作主多一些。

01 / 你以為他在逃避，其實他已經做出了選擇

多年以後，原以為就像勵志書籍、兩性專家所說的：「對於沒有緣分的感情，要釋懷、原諒自己，讓時間淡忘一切，往後你們就可以相安無事過日子。」然而現實生活似乎並非如此，有些糾結與遺憾，因為熟悉的氣味、似曾相識的場景，頓時油然而生，感觸是如此的寫實且歷歷在目。

好友Emma因為疫情而搬回臺北生活，單身多年始終沒有約會及交往對象。她曾經意氣風發，也有過愛情的人生經歷，就連跟我

們這群好友吃飯，也不時透露出她嚮往婚姻的美好。而她單身日子的開始，是在一趟出差的旅途中，收到男友提出的分手簡訊，距離現在已有六年。

其實一切都有徵兆。兩人先是爭吵不斷，各自忙著各自的工作，很少見面及週末相聚，睡前的晚安問候也漸漸變少。我們看在眼裡，以為原本令人稱羨的神仙眷侶是因為交往久了，褪去新鮮感，只剩下平淡的空虛，才讓一方暗自開始「騎驢找馬」。身為朋友，自然勸和不勸離，說盡彼此的優點及過往美好，只盼望他們最終可以如願步入禮堂。

當感情漸入佳境，總會讓人開始思考是否要與另一半談論婚事。不光只是彼此認同與關係昇華，交往時的相處也應一再測試對方，多角度地貼近共識，真實瞧見彼此的生活面貌。彼此究竟是否適合，關係要前進還是倒退，都需要時間長期評估的。有人是在生活中卡關、有人則放不下對前任的懷念，也有人為了自尊不願意向另一半低頭及自我調整，相處的時間軸，有著兩人相互對應的週期，過程總是令人期待也害怕落空。

畢竟一直以來你都有自己的節奏，當有人加入且要求默契合拍，相處就成了彼此關係最直接的殺手。

一日子天天過，總有一天會說出大實話一

從陌生人到彼此鼓起勇氣開啟話題，簡單的自我介紹到興趣喜好，社群加為好友後開始決定交往、相依熱戀、試著退讓及稍作改變，直到兩人踩到無可牴觸的地雷後，於是爭吵、磨合、嘗試表面

和平，最後以跨不過的距離當作理由收場，不再忍讓。彼此退回至最初的狀態，既熟悉也陌生。

欲平撫受傷的心，究竟需要多久時間無人可以計算；若是要錙銖必較看待付出多寡，對自己而言，也彷彿是再次於傷口上灑鹽。即便不甘真心付諸流水，事後頂多假裝灑脫，說著：「我學到一堂課，就是看清這個人」、「下一個肯定會更好」、「或許，我不適合談戀愛！」來遮掩已蓋棺論定的無望戀情。

一連串的反覆輪迴，對於現代忙碌的上班族而言，哪來更多時間可投入、願意無怨無悔地交付一份真心，甚至連養一隻貓，都好過於與陌生人相依。畢竟把心交給錯的人，不僅又蠢又傻，還浪費時間與金錢、精力。許多情侶在時間的催化下不得不對感情喊停，原因大多都是無法面對理想中的完美與眼前這個人的落差，在朝夕相處之下，肯定也看出了一輩子怎麼都無法再磨合的問題。

一所謂釋懷，只是提醒自己別再犯錯一

任誰都渴望進入下一階段的關係確認：正式情人？單純談得來的知己好友？還是各取所需的床伴？你也提醒自己不應投入或許會讓自己再次受傷的感情，而該活在當下。離開不對的人，我們都知道時間會沖淡這段難以面對的挫敗，但更多時候，誰也不願意讓自己釋懷、放下，畢竟曾經付出的感情，不是說放就能放，或可以立即遺忘。只是當愛再度來敲門時，你要提醒自己別再犯錯，多點參透對彼此的認知，讓理性作主多一些。

倘若不願意去正視這場失敗也沒關係，別過度苛求自己。

要相信，離開是新的開始，重新看待感情的得失，並對愛情保有期待。待平復傷口之後，心態舒服了，你已不再留戀多麼壯烈的付出，與不對的人分開，也是生命中的勇敢考驗。

一擁抱真正穩住你的心的人一

分開就分開了，事實擺在眼前，我們都曾懷疑過人生，也質疑過自己在感情路上究竟在哪個環節出了錯，而獨自哭泣、釋放悲傷。然而，你遺失了自尊，也忘記最終的痛是如何復原，以致於當有人再次闖入你的世界時，「合適的人」、「對的人選」都已不再是首要關鍵，你只淡淡地在乎愛裡的基本要求：「我習慣獨立自主，對方只要懂我就好！」、「你可不可以不要無預警離開，我能信任你嗎？」這麼簡單的希望，卻是人與人關係裡最渴求又難得的要素。

到了這個階段，你得更成熟，別總是頻頻回頭揪著曾經不放。有些人事，造就你百毒不侵；有些未完成，可以讓自己更明白活在當下的美好；有些懊惱和遺憾，只能以「時間還沒到」暫時終結，哪怕就差一步就可以幸福。

重拾自尊，絕非基於是否能放下對方或這段關係，而是不再責怪自己，不再緊抓回憶，登入新身分才能迎接嶄新的生活。

預設立場，
總讓你認爲自己應該如何被對待，
卻忘了眞正的愛是
兩人互相理解、默契十足。

02 / 稱不上情人，只是「感覺很好」的朋友

無論到了幾歲，我們這輩子一直都在學習如何去愛。

二十七歲的Mandy，是一個渴望婚姻、拚了命地在愛裡找尋好男人的女孩。然而，她也多次吃到閉門羹。每當約會對象有什麼「苗頭不對」，總是會被她的研究所學長兼好友的Leo全盤拷問、分析利弊。於是，她愈來愈討厭、也愈來愈擔憂學長每次的預言及觀點，因為沒有一次不準，就連她的個性適合怎樣的職業、類型還是背景，無一不說得讓人信服，實在是太了解她了。

身旁的好友都知道這位學長Leo的存在，開玩笑地說：「妳要不要乾脆就跟學長在一起好了！」如此了解她，細心觀察她的所有日常細節，默默地守護在她身旁，只不過沒有任何進一步。乍看處處都在「叮嚀阻擾」她的Leo，每次都語重心長的鼓勵她：「我不會幫妳下定論，也不會唱衰妳的未來，想做什麼就去做，但不要對自己過度擔憂。這輩子，妳想要的感情是由自己安排的。」

幾年後，Mandy因為工作關係搬了家，自然而然也與學長少了聯繫。直到有天Mandy在整理論文報告時，掉出一張Leo當年幫她分析感情的手寫紙條，再次看過才終於明白，原來學長每回聽她說約會對象的故事，不是故意一直批判那些男人哪裡不好，而是她每一次都沒有自信面對一段感情的開始，總是先自卑數落自己哪裡不夠好、對方會不會不喜歡這樣的自己。

這也提醒了我們，這輩子很難遇到真正與自己合拍的人，除非你能鼓起勇氣並且願意相信自己。

有些愛，不見得有轟烈過程，更多時候只是默默守護

和一個人在一起，我們總認為該有實質上的稱謂與名分，最好過程轟轟烈烈。有些人燒香拜佛，跟上天祈求戀情的降臨，卻忘了一直守護在自己身旁默默付出的人，連不該走的冤枉路都明示暗示，你卻仍然沒有發現他的存在。

或許對方還沒有做好與你告白的準備，也可能擔心一旦越矩或過頭了，初衷就不再如此美好。守護的距離，可以是很貼近你的心、

徹底關愛你的生活；直到有天，你主動選擇離開，對方才又悄悄地畫上句點。

最美的關係，從未是如火如荼的激烈，溫柔的珍重及由衷的祝福，更是耐人尋味。

一 敲不開的門，敲多了不僅惹人厭也不禮貌 一

要讓一個人對你打開心扉，需要有很大的勇氣與力量去承接，守護著只願意為你打開的心房，絕非揭開傷悲後，卻不願為它平息闔上。人與人之間，需要回看愛的本質，我們都曾在愛裡受傷，於是，若想擁有再次對愛充滿希望的勇氣，無論未來如何變化，到了一個合適階段，難免希望能有人再次溫柔善待。

不去勉強誰來為你打開心扉，只需做好自己，狀態自在舒服，學著體悟愛，就有本事獲得完整的愛情。

成年人的感情觀，沒有什麼嚴苛的標準，誰說的勵志故事或是專家的分享建議，也只是他人他事，不是你該追尋的心安。時間會陪伴成長、順勢帶領你到下個階段，過程中的冷暖自知，只有親身經歷過的人才懂得如何取捨，平心靜氣地走向永恆。

一在愛中，要看見自己，聚焦在自己一

與不同對象相處，愛的樣貌也不盡相同。不同年歲的我們，對愛自然也會有不同的檢視及反思。有時你會需要學習如何釋懷，有時則是練習在愛裡調整退讓，有時也得明白應對及說話的藝術，而

多數時候，愛也是以不同方式提醒該誠實記得此刻的自己。

沒有結果的戀情，暗示我們在任何一段關係中，過度的付出及討好，只會加重自己的內心戲；而不必要的預設立場，總讓你以為自己應該要如何被對待，對方應該如何扮演好自己心目中的理想樣子。無疾而終的結局，提早說明了一個事實：真正的愛是兩人都互相理解、默契十足；愛的呈現需要被彼此認可，而不光是只有滿足一人的需求、欲望。

不委屈自己也不委屈對方，兩人都處於舒服狀態，無關形式、人生階段，我們將為能夠真正相愛而感到心滿意足。

戀愛若是基本款，
婚姻可以成爲它的經典款，
那麼，爲什麼不一起努力昇華呢？

03 / 我們跳過交往，用結婚證書綑綁彼此的未來？

從相識到談一場戀愛，短暫時間就可以辦到；從交往到遞出一張結婚證書，則是要再三的評估才能完成。為什麼要用婚姻來證明愛情？相信許多人內心都有這樣的質疑。全世界有將近七十九億人口，就能有超過七十九億種以上的愛情故事。人跟人之間緣分交錯重疊，不見得都是幸福快樂的結局，肯定也有沒齒難忘又刻骨銘心的感受。

三十而立的 Tammy 家世背景優渥，白天光鮮亮麗，夜晚卻糾結難眠，「想結婚，辦一場轟轟烈烈的婚禮，讓人稱羨叫好」是她唯一的心願。因為太寂寞，時常在交友軟體上約陌生人見面，無論是燭光晚餐還是隔宿過夜，一週至少有兩次與雲端世界的人會面吃飯、交流三觀、試車上床，只為了找到她眼中完美又亮眼的王子。

不知是否祈願感動上蒼，遇到一位小她五歲的男生，願意與她結為連理。從見面到結婚不到兩週，身分證配偶欄便填上了另一個人的名字。旁人驚恐搖頭，甚至勸她深思，卻依舊攔不住對夢幻婚姻過度憧憬的她。

結婚不到半年，所有的不合逐漸浮出檯面，從爭吵到冷戰對立，各玩各的且毫不收斂的社交，更別說兩人對於金錢觀的認知懸殊……即便後悔曾經冒然做出的決定，兩人仍為了面子終究不離婚，雙方只好各退一步，用一張「結婚證書」來綑綁這段貌合神離的婚姻關係。

原以為這樣灑狗血的故事，只會在八點檔肥皂劇裡看到，沒想到竟在現實生活中真人實演。愛情與婚姻本是兩個截然不同的課題，若弄不清楚還硬要混為一談，很可能會讓自己陷入窘境，背道而馳地走上曲徑彎路，就算真心想回頭卻發現已是一條不歸路。

｜不想失去，但又不知該如何表達｜

太想談感情，也談了太多感情，以為「結婚」是通往幸福大道唯一的認證。無關男女心思，看穿不說破的默契，內心深處總有著想「套牢對方」的僥倖作祟，深怕對方不負責任且一聲不響的消失，沒有兌現承諾的擔當。

花了力氣與時間，也經歷喜悅與難過，當自卑湧現且勇氣消失時，你多麼擔憂幸福大門再度關上，既不想失去對方，也想不到更好理由來捍衛愛情。提心吊膽的日子、患得患失的未來，彷彿無時無刻都在提醒自己「吃緊弄破碗」的急躁與不安，更反映了過去歷任離開時未交代清楚的分手緣由。

對於愛，不是使命必達就可以拿到滿分，若沒有過程的吸收沉澱、溝通的調整取捨，很難能有完美的契合。

糾結而不放手，
終將讓自己成為不值得再幸福的人

有些事想遺忘，卻由不得自己像個孩子般說忘就忘。過去使你流淚的誤會，在逝去的無言中漸漸化解，而說不開的遺憾造就了現在的你，但請別因為曾經的傷痛而讓自己無法再愛、無法再相信。請跟自己好好相處，明白每個人生階段的停頓，都是上天為你安排最符合理想的結果。

既然兩人都下定決心共同走向婚姻殿堂，你大可卸下防備，無須軟弱或者再次為誰改變原則，彼此的優缺點，應該在相處過程中就要熟悉清楚。如果真的想要幸福，就該學著正視面對，無論未來會不會後悔，或者該如何做，後悔的風險才會降低一點，**任誰都沒有正確的解答，但起碼，你願意為曾經的遺憾和錯過的自己再拚搏一次。**

—愛情，可以是浪漫，也可能是心碎和失去—

前輩們總信誓旦旦地告誡：「結婚，需要一點衝動！」時至今日，結婚已成了一種說不出口的壓力與恐懼，現實層面的經濟與三觀不合、雙方家人的考驗及各自的人生發展，一堆規矩的設立，讓你避而不談感情最初的憧憬及浪漫。即使有，可能也被過往的無緣經歷消磨得所剩無幾，逼著認清現實真相。愛情若是基本款，結婚可以成為它的經典款，那麼，為什麼不一起努力昇華呢？

害怕被束縛、沒有個人自由喘息空間的恐懼，是雙方都要共同面對的課題，無法丟給另一個人要求獨自面對。婚姻裡的愛，包含了遺憾、不圓滿、挫敗，以及生命中的種種傷疤留痕。此刻的你，得為自己鼓舞士氣，為兩人能在一起的緣分熱鬧慶祝。

拉開人生舞臺的新序幕，無論過程中最觸動你的是什麼，或又再次想起了誰，都提醒著我們心中依舊有愛，然後在悲泣及喜悅交織的節奏間，繼續練習好好珍愛對方，同時也過好此刻的生活，這才是愛最好的樣子。

無論過去是好是壞，
別讓情緒干擾理智判斷，
人生只能由自己驅使往前邁進。

04 / 三天前，我期待見面；但三小時前，我後悔這個約定

身處在處處充斥新知識與新觀念的時代，「現代人的愛情」推翻了過往守舊的傳統，社群平臺、交友軟體、多元性別認同，讓現代人談戀愛別有一番風情，除了跌宕起伏，要直視面對的輿論壓力也較以往更加猛烈。

愈是對愛情嚮往，想要擁有幸福也變得更加冒險犯難。年少時談著無憂無慮的純真愛情，即使是送一塊小蛋糕給心儀的對象，也可以開心到神魂顛倒一整天；長大後的我們，煩惱與預設變多，現

在談一場感情猶如一場鬥智鬥勇的攻心，焦慮的永遠比實際發生的還要多，甚至還會為那些不會發生的事預設結果。

當兵時的好友Ben，現在是一家知名外商公司的採購主管，擅長談判分析的他，總是給人精明能幹的感覺，任何事情交給他都能放心。然而私底下，他卻有輕度的創傷後壓力症候群，白天工作進退合宜，也與同事及主管們相處融洽，大家都未發現任何異樣之處；但他只要一旦有壓力產生，或是跟約會對象預定要見面之前，愈接近赴約時間，必然東拖西拖遲遲出不了門，深怕自己口吃發作、說錯話而搞砸一切，甚至因壓力而會有打人的傾向。

因此時常放約會對象鴿子，或是即便人出現了但已遲到快一小時、言行舉止詭異。這種情況反覆出現，不明白的人還以為他是品德瑕疵、傲慢且無信用的男人。

直到某天，他鼓起勇氣向我坦承自己有創傷後壓力症候群，單身六年始終放不下前任女友。每回夜深人靜，就想起她在醫院離世前的掙扎，所有過往影像歷歷在目。兩人共同努力買下的第一輛車，儘管已老舊到需要不停地修補，依舊捨不得換輛新車，只因為這輛車載滿了與她出遊、車內身影的回憶。

他去看診後，精神科醫師除了開藥，建議他要調適心境，在工作忙碌之餘也要參與正規社交，並定期回診治療，這樣才能慢慢地走出哀傷。每當他想念起女友時，總會獨自開車走一趟兩人曾駛過的路線，一路上，自言自語他最近的日常，彷彿前女友還坐在副駕駛座聆聽著。

逝者不願離開，多數是生者不願面對事實，
哀傷伴隨著愛

有些糾結，你得親自去面對、認清事實後，再整頓接下來的發展，無論那是小情小愛，還是轟轟烈烈之後最終留給自己的深刻感受。已知的愛情，在我們與因情傷而生的悲慟、畏懼和解之後，找回了再愛的機會；面對未知的逝去，你可能需要為曾經的遺憾找個合理說法，這樣最終才可以放下。

正因為人生太短，遺憾太長，日子更是要過得寧靜安穩。過去握在手心裡的，不論是未完成的意義、已經感受過的、說好卻沒實現的，好像都太過容易，也都太不成熟。不願接受摯愛逝去的事實，背後的意義往往是哀傷昇華後的愛，原來是如此純粹、濃厚的情緒。

振作之後，不再透過緊抓著不安來證明曾經有過的愛，你將體

悟到，就算對方已經不在，那份愛依舊在身旁陪伴你迎接下一段愛情的到來。

一別用過去的枷鎖，懲罰明天的自己一

無論曾經是好是壞，別讓情緒干擾理智判斷，自己的人生只能由自己驅使往前。原本以為可以跟相愛的人一路走到生命盡頭，一起經歷人生中的快樂與波折，但當失去愛人後，任誰都會變得對未知的未來沒那麼確定，也給不了絕對肯定的答案。

你可以慢慢恢復，但千萬不要太慢恢復，要正視事實已經發生。

誰都明白失去愛人及永生無法再見的苦，是那樣強烈地劇痛，但也因為如此的撼慟，你會漸漸接受時間不斷前進的事實，明白生

離死別的自然而然，知道心之所以覺得苦，是因為自己曾經好好愛過這個人，一起攜手走過一段人生。每個人都有屬於自己的安排，對方只是命中注定比你早一點登出人生列車，不須苛責緣分過短、上天無情，學習要接受這一切，同時照顧好自己，這也是對即將相遇的人負責。

要給自己再次愛人與被愛的機會，因為新人生正要拉開序幕

在最好的年紀，最好的此刻，你我都要具備「自癒、自顧、自信」的生存之道。無論是從誰的眼中看見自己，或是心中浮現出誰的身影，愛與被愛，總是持續在你的人生反覆上演新的劇本，每一段的序幕拉開，請好好享受，在愛之前，我們都一樣。

在屬於你個人的愛情篇章裡，上天總會讓你明白不足之處，提醒需要加緊練習的課題，於是容易走心的你，停留於緣分及情感的交織，殊不知這都是早已安排好的劇情，只是你單純放大了自身的感受。沒有好與不好，也沒有對跟錯，餘生有些人不請自來，有些人會悄然離去，有時你更可能會一再失落。**人生，正因為對愛有痛、有恨、有奮不顧身的投入，所以義無反顧的我們才願意繼續去愛，只為讓人生精彩豐富而動容。**

高高在上的好勝，
因跌跌撞撞被傷了幾次而心碎，
要用多少謊言去蒙蔽完美，
才能破繭而出進化成更好的人。

05 / 被比下去的滋味不好受，於是慣性說謊成了日常

不知道從何時開始，你習慣每件事都「報喜不報憂」，深怕別人認為你不行、做不到、你絕對與好的結果扯不上邊。也許因為如此，你開始說起善意又灰色的語言，讓自己「更有空間」地去掩飾不足，像是：「現在有一個穩定又愛我的男人，我們打算未來會結婚。」但事實上，根本就沒有這個人；「這件事交給我，沒問題的！」真相是你極度緊張，不斷催眠自己：「我可以的、我要做給他們看！」；「就算吵了多次架，我愛她，她也肯定跟我一樣永遠不會放棄我，因為我們是天生一對……」諸如此類的念頭很多，你總是用「賭一

把」的態度去逃避現實，硬逼自己扛起所有責任。

孤注一擲後，面子是重點，底氣是靠山，事實卻是丟了自尊，以致謊言如無底洞般愈來愈深，不僅偏離初衷而你也迷失了。

志偉是與我共事多年的業務同事，是個辯才無礙、口若懸河的銷售高手。有天下班後我們一起去小酌一杯，輕鬆的氣氛下聊起了他的過去。從小父母給他「高壓的愛」，要求他一定要上建中、臺大，才是真正的「好孩子」，若表現不如預期，就是不爭氣、沒出息。自尊長期被壓抑下，他發現只要說出「好聽的話」就可以避免被責罵，儘管有過失，討喜的巧言令色，都可瞬間讓大事化小、小事化無。這是他從原生家庭中，深刻體悟到的認知。

於是進入社會工作與談感情時，遇見誰他都能說出讓人動心的話語，無論是非對錯、是否昧著良心，只要「先大聲、敢喊出」，真實虛假並不怎麼重要，一切只為可以拔得頭籌贏得話語權。說謊，變成他最佳的保護色，除了用來維護自身利益、保持自尊，更為了替內在小孩的不安全感套上隱形的保護罩。

三十六歲的他，至今仍不相信這世上有所謂的「無條件的真愛」，只依循自己的「利益優先」現實又自我的直覺處事。灰色曖昧的謊言，沒有大好或大壞的影響，但為了幫自己保留空間，從不讓誰冒失侵犯最重要的自尊。

一 說謊，是怕被人拆穿自己的價值 一

在「愛」面前，有些人畏懼過往的失敗經驗重蹈覆轍，於是擅

長掩人耳目的伎倆，總是無極限地把自己奉獻給心儀的對象、重視的人，只盼求對方給予同等對待的回應。儘管都知道自己不過是打腫臉充胖子，甚至是還沒準備好的「冒牌貨」。當謊言交織著渴求，卻填滿不了內心深處的欲望，如無底洞般的深陷，總讓你需要更多曖昧不明的回應，得過且過地再次閃開誰的明察秋毫，內心祈求這樣的謊言可以繼續下去。

自尊，可以讓你高高在上，但也可以讓你重摔落地。你說疲於每回山雨欲來的操煩擔憂，那又何必謊言連篇？感情裡，我們容易把話說得太滿、看事情太過絕對，忘卻過程的意外及變化總是會無預警的發生，像是：「這輩子我只喜歡你一個人！」轉身卻遇見另一個更契合自己的人；「婚後我可以養你。」實際上卻是入不敷出地過日子；「因為我愛你，所以忍痛放手！」但分手的真實理由卻是你更愛自己！

好聽的話誰都會說，但會負責任到底、做好做滿的，又有幾個？真正有問題的，並不是深信不已的人，而是屢犯給不出保證的說謊者。

現實中的愛情，更多時候也在看競爭的勝負輸贏！

生日、情人節還是週年紀念，送給對方的禮物，無關價格或實用性，更多是物質上的含意：期待你會如何回應及反饋心意。儘管不說出口，或多或少都會在心中盤算價格的高低、心意的量化，好用來轉化你在對方心裡的分量。

承認吧，你我都是這樣的人，總習慣在感性過後用理性數字評估愛情。不管情意的濃厚程度，而在乎錙銖必較的價值高度，鉅細靡遺地盤算這次誰愛的較多、誰誠意到位、誰勝負明確，從約會的奔放熱情到分開時的無義無情，都會男女高談闊論的情愛，終究敵不過「較真、較爭」。

一 愛，不僅直接，更是不留情面 一

你愛上擁有好看又有趣的皮囊外表，嚮往穩定收入及可投資的未來對象，盤算誰更對自己的個性包容體諒，愛，不僅直接也很不留情面，小至被犧牲淘汰的實際理由、大到門不當戶不對的拒絕往來，誰擁有的「資源」較多，誰的勝算就更多。雖然你沒有勇氣承認，但誠實的身體及反應，早已為你說出了答案。

愛，不僅隱藏了連你自己也沒發現的渴望、高高在上的好勝，還有跌跌撞撞被傷了不知幾次的心碎，究竟要用多少謊言才能蒙蔽完美？時常感到寂寞是正常，渴望愛，卻總是無病呻吟地過日子，找不到再次付諸愛的勇氣，這樣的你如何能進化成更好的人呢？

只能說資本主義下，都會人的情愛更多了幾分寫實、算計，卻也可惜少了點心靈觸動及磨合安慰。

只有設置停損點，
才有機會在『有賺有賠』的情場中，
止損被愛沖昏頭的風險。

06 / 焦慮與不安，只因你害怕被發現原來是冒牌貨

「你太完美了！我覺得我們不是同一個圈子裡的人，我們當朋友就好了。」

「跟你走在一起，路人都在看我們，我其實很自卑。」

「相處這段時間，我認為我們可能不太適合，對不起，你可以找到比我更好的人……」

好友Lisa單身多年，為了能和心儀的女孩正式交往，從第一次約會的餐廳安排、菜單的選擇，到每天上下班的接送、日常的噓寒

問暖，無不小心翼翼呵護備至。Lisa是位貼心的女同志，非常渴望可以與理想的她一起生活，甚至成為穩定交往的靈魂伴侶。

看著Lisa與她最終順利在一起，所有朋友都替她感到開心，得來不易的緣分，羨煞不少單身的我們。但聚會時總有種說不上來的怪異，Lisa的女友始終沒有與我們聊天，儘管身旁朋友愛屋及烏，試圖拉攏關係讓她能輕鬆融入，但她的回應總是有一搭沒一搭的。三個月後，聽說兩人分手了。

分手理由是她說，我們這幾個朋友很挺Lisa，很少有這麼相挺的朋友圈，而且每個人都有穩定的工作收入，生活有質感、很會過日子。而她自己是個單調無聊的人，Lisa太優秀又太完美，一切來得太快又太美好，讓她覺得很不踏實、沒有安全感。聽完她們分手的原因，在場的每個人都靜默不語，空氣裡凝結著困惑與無奈，乍聽之下或許匪夷所思，但事實上我們明白她的意思、她的立場，以及Lisa的急性子使然。

一 其實，我們一開始就知道彼此不合適 一

我試著想，她的不安及焦慮可能來自過往的情感還沒有真正放下、原生家庭的背景，抑或生活三觀有說不出的落差感。再匹配的兩人，即使深受朋友們的祝福，到頭來終究抵不過相處時的磨合、交流，還有無法說謊的關係。愛情，更多時候不只有表象的豐富就能功德圓滿，藏匿在心思裡的細微問題，總在一個不經意的眼神與下意識的反應，而誠實地浮出檯面，讓人措手不及去遮蓋這個曾想逃避的問題。

太快想要在一起，認定彼此的關係，對於尚未準備好的人來說，會是一股莫名壓力。交往過程中，基於禮貌或者樂在其中，你不想掃興壞了氛圍，於是放任這齣戲順其自然地發展下去，直到出現卡關癥結，新鮮感褪去，才以聖人般的審判情操，責怪那個認真投入、不問感受的積極者：「一切都是你的幻想，不是我想要的愛情。」其實，早在兩人關係惡化之前就已有感覺，積極的一方深陷理想的美好，被動的一方則是遠遠佇足觀望，兩個人分別站在不同水平的音譜上，又怎能彈奏出愛的雙人協奏曲。

對方「收放自如」太輕鬆，你是「做好做滿」太習慣

面對一段情感的開始，請寬心以待。對於愛情的過度憧憬與嚮

往，以及對美好未來的等不及，往往讓自己在急躁和內心戲過多的關卡上跌跤。不論遇到的是被動個性、還是主動積極的對象，一旦關係建立，都應該要「多點磨合、多點了解、多點空間」，才能認識雙方真實的個性及不同狀態下的樣貌。千萬不要一開始就獻上百般殷勤、無微不至的關心，若遇上貪得無厭的人，有可能會不知滿足地索取；若對方是保守傳統的人，也可能導致過多的猜想及自卑。

渴望愛情的人，往往認知只要「做好做滿」，上天就會因為你的努力不懈而賜予自己忠貞不二的對象，但在承諾之前，任誰都有可反悔的嘗鮮期。就算已過期許久，也總有人盤算著退貨的藉口，收放自如的在關係裡遊戲人間，不把愛情當作一回事。回過頭來，只有好好為自己設置停損的界線，才可能在「有賺有賠」的情場中，止損被愛情沖昏頭的風險。

—我愛你，但你只喜歡那個光鮮亮麗的我！—

有些感覺、有些人，談不上「愛」，至多也只能說是「喜歡」。

這樣的愛或許有點粗淺，單純只是被你的魅力所吸引，緣由是他們目前欠缺光芒；他們的愛可能無法永遠效勞忠誠，只可以談談表面，不願再深入探討；他們的愛有時間限制，沒辦法停留你身邊過久，於是，開宗明義說著「喜歡」讓你知道、讓你明白、收到情意。然而日子一長，一旦耐心失去，曲終人散，你所付出的愛徒留在半途，遺憾也請記得事後帶走。

那些愛情裡的「冒牌貨」，他們擅長掩飾自己的不安及焦慮，只想倚賴有趣的事物、新鮮的刺激，以及享受粉紅泡泡所營造的氛圍。關係短暫也無法長久，彼此都心知肚明，於是更加把握當下的有效期限，預知光鮮亮麗後必定回到孤獨，一切只求你情我願，誰也不虧欠誰的明天。

　　這樣的都會愛情，堅持的難度永遠過高，因此，見好就收成了最佳狀態。從愛開始到愛結束，每一個細枝末節都讓你看清真相，最珍貴的，他會先行收好；然而，**真正對的、願意為你停下腳步的人，在最佳的時機與狀態，會緩緩出現並讓你感受到，是愛，而不僅喜歡**，關係也會由所謂光鮮亮麗轉為樸實無華，讓你簡單舒服地處在被愛的從容狀態。

思考讓自己焦慮、
不安全感的來源是什麼？
想取得他人的愛之前，
請先學會接受既好也壞、
慷慨且自私的自己。

07 / 社群軟體的自己、現實關係的我們、夜深人靜的陌生人

那句早已聽到膩了的老掉牙勵志勸說：「愛自己，才能愛人。」無論何時，你都知道該把重點放在自己身上，而不是去討好誰的眼光或期望。可惜沒有人可以百分百做到。光說不練之下，你再度委屈自己、埋怨人生，知道卻難做到，明白也難坦白，心照不宣彼此「表裡不一、口是心非」的舉止。儘管做到了，完成了，周遭人有誰可以接受？又有誰可以大方認同？

Louis是我一位擅長音樂作詞的好友，為許多歌手撰寫專輯作

品，其中更是扣人心弦地把當代人的愛情細膩詮釋，尤其是患得患失的感受，小心翼翼的戀人關係。

有天，他跟我說了一個有趣的現象：「你不覺得現代人都幽默感十足嗎？不找真人哭訴心事，而是從社群上討拍找溫暖、談情說愛也不避諱？而且是對陌生人！連對方的長相與個性都不清楚，卻當作指引自己生命方向的浮木！不管是單身還是非單身……」聽完，我也默默笑了很久。

他同時也舉了一個例子：「假設這個世界上只剩下網路來維持感情，你到底是說故事給陌生人聽，還是只是對著電腦或手機自言自語？」相較於此，許多人反而不太相信現實生活中遇到的人，尤其是在經歷了工作與高壓節奏之下，往往連一個可以說話或者抒發內心獨白的朋友都沒有。沒有樹洞可以宣洩、實際相處又有包袱，就連和自己最親的家人也都無法說出心裡話，只有當連上網路後，才可盡情高談闊論。在虛擬世界中，不用在意每個隻字片語，卻能隨意又輕鬆地留下曖昧情愫，久而久之，更加不敢走出現實。

網路空間，是否存在著所謂的道德倫理？假設我已經結婚，跟對方互稱網公或網婆，這算不算外遇呢？又或者，我有穩定的交往對象，卻私傳裸體照片給陌生人，這算偷吃嗎？更多時候，還可以發現左手無名指戴著婚戒，右手滑著多款交友軟體上聊天室，且狀態顯示「非常活躍、在線中」，試想，為什麼對愛人忠誠唯一，是一件這麼難的事？殊不知，我們都是「不誠實」地強迫自己「要老實」飾演好應有的角色，而且還要避免讓其他人露出對自己失望的眼神。

一我不是愛你，只是更愛社群上的自己一

儘管想知道另一半有沒有背叛或外遇，或者你本身就是愛敲私訊又心虛的人，更多時候，選擇了僥倖，並不是因為此刻不愛對方，而是一種自我逃避——極度渴望有變化的生活、追求不同於日常的快感。我們都是熱愛自由的個體，而不想永遠被框住、侷限著，也都嚮往著被憧憬、眾星拱月的虛榮。

多數人的「道德感」，實際上並不如想像中的崇高無瑕。與其總是佯裝單純，或是對另一半的渴望避而不談，倒不如重新檢視自己對於「忠誠」的定義還跟從前一樣嗎？它可能才剛拉開序幕，頂多是個徵兆，還沒到壞事，代表你和另一半的關係還有改善的空間。好比，你是否不太常與他訴說真心話？不管開始背叛的人是他，還是自己，回想第一次背叛的過程，哪部分較有刺激？哪部分讓你有

掙扎的內疚感？這些可能都是你和另一半關係的癥結點。

任誰都有渴望，認清後，一切取決於自己

我們都在電視影集上看過，每當擋不住的慾望來襲，踰矩時拿掉求婚戒指，或者暗地裡瞞著另一半偷寫情書。只不過到了當代的此刻，作法也推陳出新：「只要開設分身帳號，匿稱重新設置，三不五時刪除對話紀錄。」而已有穩定交往對象的人，不誠實地在網路上假裝單身，或者對某個特定的「老朋友」追溯萬年舊貼文，洗版按讚點愛心，以祕密模式偷傳曖昧對話及煽情圖文。

不說開的規則，沒意識到這類行為會讓對方難以接受，或許

只要坦承自己過不了的坎，對方下次就能夠避開這樣的舉止。也有些戀人，確實需要這樣的網路空間，好讓各自有喘口氣的餘地，那麼，你得問問自己，是否願意與他各退一步、彼此保留一點空間？又或者，你很明白自己無法接受與認同，就提早摸摸鼻子認賠停損，未嘗不是件好事，起碼說開後能理性退場、灑脫離去。

—你已經很幸福了，又然後呢？—

旁人可能百思不得其解：「另一半都已經這麼完美，為什麼你還要去認識其他人？」所謂的完美及幸福模式，是建立在他人的評價及眼光之上？還是對方必須提供自己所需要的一切？那麼，再登對、再令人稱羨的關係，仍然存在著不完美。

所以，**無論目前的關係處在何種時期，都請把重心拉回放在自己身上。**

試圖思考自己內心焦慮、不安全感、沒把握的來源是什麼？是因為害怕老了不夠有吸引力留住對方？還是深怕有天不被這個人所愛、不明就理的被拋棄？極度渴望被專一對待，無法接受多人關係，是自然不過的防衛；然而，**想獲得別人的愛之前，不妨先試著認同自己，坦白接受好與壞、慷慨與自私的自己。**花多一點時間，反省自己的愛與恐懼的來源，待建立信心後，調整日常節奏，增廣視野、認真休息。不論在哪個年紀，都可以重新檢視並探索關係裡的分水嶺，以及自身的欲望與渴求，該如何讓兩人平衡取捨。

雙方打量的評分過程中，
能否走在一起，
都在試探之間找到最終答案。

08 / 交換情報，是減少尷尬與失敗的試探

「你知道那個某某某，他為什麼可以……聽說他是……」許多人在難以啟齒的關係中，試圖打破僵局，掀開更多的未知，無論是真是假或是道聽塗說，其中一個原因在於，他們潛意識深信兩人只是「不太熟」，但經歷過「共同認知」一些事之後，對方就會正式開啟心房，進入更親密的關係。

由試探到疑猜，嘗試過後而放棄，沒有共鳴，就像是在對牛彈琴，你覺得無聊，對方認為你更無趣。現代人的相處真是麻煩，總

想著新話題來支撐接下來的後續機會，以減少失敗及避免尷尬局面。Bob是我北京認識的社群平臺編輯長，每次看他經營的公眾號或微信朋友圈的管理，不得不說他很有幾把刷子，把娛樂明星、狗仔們感興趣的話題，依照不同的年齡與閱歷，用數據方式歸納、整合，最終不僅增進與粉絲互動的黏著度，更為他帶來營收。

我們相約吃飯，他熱情跟我分享經驗。有次，他約一個網戀的女孩出來一起看電影，他們先提前約在一家咖啡廳喝咖啡，他發現女孩似乎不太愛理他，以為是自己穿錯衣服還是長相與實際「圖文不符」讓她意興闌珊。於是在約會結束後，他鼓起勇氣問了女孩是不是兩人不適合更進一步，沒想到女孩回應：「你在網路上什麼都可以聊，但現實中的你很無聊，話題總圍繞著別人長短，沒有一個是我們的共同話題……就連簡單的生活習慣，你的觀點都不是自己的！」Bob聽完，早已滿臉通紅。

飯局上，羞愧的他為這個真實故事做了兩段認真的總結：

本位主義不要太多，沒人喜歡過多的批判，那只會讓對方覺得你是愛批評的人。

交換情報與八卦是必然的，但並非是話題重點，而該以自己的生活形態為主。訴說太多無關痛癢的陌生人故事，到底和對方與你自己何干？

━不要成為愛抱怨的人━

既然有機會可以與心儀對象更進一步，就別把你的多話、口無遮攔的評論，誤認為自娛娛人的幽默。許多成年人在經歷過社會的洗禮之後，總愛將過去的苦澀與艱辛化作長篇大論來歌功頌德。一開始還能與他站在一起感同身受，待愈聊愈多，你也只剩場面話能說，對方仍然毫無自覺。

相處過程，我們難免不自主地以自身為重心，深怕被冷落，於是盡可能的放大地位、家世背景、工作薪酬，及讓人稱羨且美好的部分；若是搭不上話，便大肆抱怨及負面批評。殊不知，這樣的表現容易讓人聯想往後若跟這人相處一輩子，日子會不會充滿無奈，可能連不小心的失誤，都成了他眼中抹滅不去的汙點。

一 試探，多麼幽默的評分方式 一

互有好感的兩人，當有意願邁往下一步時，明知故問的試探、佯裝天真的無知，都是多數人會用的招數。「你也喜歡吃川菜嗎？

感覺你很愛吃辣，但我還好。」答案就是你不喜歡吃辣；「明天約會幾點你比較方便？看你，我都可以，不然一起吃午餐好了。」答案就是中午前見面；「你可以接受手機裡還存著前任的照片嗎？要是我的話，會自動刪掉所有照片，免得讓對方擔心或引起沒必要的疑猜。」答案就是不希望對方還留著照片。

類似的幽默情節，任誰都不明說，期待對方「放聽明點」接受自己的模式。若猜中，彼此皆大歡喜；猜錯，就往返題目讓對方繼續猜下去。

一來一往的互動，其實你們心裡都有答案，你只是反覆驗證對方的答覆是否如自己所願，有沒有機會讓對方為自己多擔待一些。

愛，有時候很偏頗自私，深怕自己看錯人或者投資不對，於是只能打著算盤好讓自己的勝算更有把握。在雙方打量的評分過程，未來能否走在一起，都在試探之間找到最終答案了。

一 多數人只怕失去，卻不勇於得到 一

我曾經在一場演說中，聽見講者提出一個有趣問題：「若有人用比你現在薪資高出兩倍的薪酬、位階更高的職銜，請你下個月去上班，你會願意過去嗎？」相信臺下的多數人心裡會想：天底下哪有這麼好的事？輪得到我嗎？工作量會不會變更多？老闆與同事會不會太難搞、眉角也很多……嘆口氣後，算了！還是不要，省得麻煩！而少數的另一群人，則是對未來開始憧憬，自我檢視以免在新東家再度犯錯、新的開始就得以新的心態去面對。

那麼，面對感情其實也是一樣。許多人都只緊握「會失去」的

部分，還沒開始就先對自己打預防針，然而，逃離和預設結果都是不好的，如此一來，最終導向不會成功的機會往往偏大；假如換個心態面對，認定將得到的是自己的期待，預設過程順利如願，同樣的，你所表現出來的態度自然也會使關係的另一方感到自在。

相處的尷尬狀態，更多時候是你認定「無戲可唱」的局面，並不是「話不投機」的詞窮；於是尷尬的氛圍是因為你打從一開始就想盡辦法截長補短，提高自身價值，好讓對方可以對你大肆稱讚。

但你必須明白，這不是愛情該有的樣貌，**只要有一方失衡於關係中，你們所嚮往的未來肯定壽命不長，留下的悔恨及失落，也將是預想中的狼狽不堪。**

在愛情之前，人生的取捨，
肯定會大過於理想與幻夢，
中間必定藏著許多言不由衷。

09／是被理想耽誤人生的人，還是被人生耽誤理想的人

故事的結尾，珍珍很慶幸離開了男友，最後一頓飯是兩人「各付各的」，你好我好，便是最好的祝福。

沒有人不希望工作能符合自己的理想，然而讓我感到驚訝的是，缺乏理想竟成了許多年輕人找不到工作的藉口，令人惋惜。而你又是哪一種人？是被理想耽誤人生的人，還是被人生耽誤理想的人。

朋友珍珍，從小就喜歡畫漫畫，但很早就被家人潑冷水，逼得認清事實，所以她總是說自己是「被人生耽誤理想的人」。當不成

漫畫家也沒關係，至少她很靠近理想，畢業那年去了公關公司擔任美術專員，替專案客戶們做視覺設計、完成許多國際活動的提案，不到三十歲，年薪就將近一百五十萬，讓身邊的朋友十分羨慕。

幽默的是，工作順風順水的她，私下的感情對象卻沒有一個相處超過半年。過於文青的她，要求另一半必須有才華、有個人態度才符合標準。她的現任男友執迷於吉他，滿腦子都是追求發光發熱的音樂夢，三十五歲從未有過工作經驗，於是被歸類在「被理想耽誤人生」的那群。她沒辦法完成自己的理想，卻希望幫男友完成理想，每天下了班一起吃晚飯，每一頓都是她買單。可惜男友不懂珍惜，慣性偷吃，吵鬧之下分分合合也將近八年。

青春不等人，珍珍三十三歲，受到疫情影響，公關產業每況愈下。首爾的動畫公司看見她的作品，邀請珍珍前往韓國發展，於是她決定快刀斬亂麻，與追求音樂夢的男友分手。每當夜裡想起這個曾經讓自己愛到天崩地裂的男人，終於說出壓抑許久的內心話：「這個男人說什麼還在找伯樂，根本就是不想面對未來、對彼此的人生負責，信用卡帳單與飯錢、生活費從來沒有一次拿出來過，說穿了，就是不願扛起責任的爛人」。

珍珍目前近況如何？認清事實後的她，工作愛情兩得意，生了一對雙胞胎，有個疼愛她的外國老公。至於那個「被理想耽誤人生」的前任男友，三不五時擺擺市集賣些二手樂譜，過著有一餐沒一餐的日子，花言巧語之下偶爾還是會有年輕妹子來來去去，陪他過著他認為的理想生活，卻也沒有一個願意久待。離去的緣由可想而知——理想，多數時候是兩人「理」性看透了，才發現不是你所「想」的那樣！

「麵包誠可貴，愛情價更高」一句多麼不切實際的荒唐

什麼是理想？擁有優渥的工作收入可以養活自己、顧好家人，進而延伸至生活品質一起逐步提升。**有錢，可以買到更多麵包；沒有錢，再多麼高貴至上的愛情，都得被現實殘忍折腰。**認真說起來，擁有工作收入稱不上是理想，而是可以實現的目標，只要付出時間與努力，循序漸進踏實幹活，就可以獲得報酬與成就，但許多年輕人卻認為愛得死去活來，儘管沒有麵包，精神依舊可以豢養生活一切。這不是理想，是幻想。

哪個童話故事中的男女主角在過著幸福快樂的日子前，不需要經歷一番挫折來證明自己為了理想而奔波？同樣地，很多人幻想的理想人生、理想工作、理想情人，終究會在時間考驗之下而露出真相。

太愛工作也愛錢，卻被另一半譏笑現實勢利？

臺北孩子若是住家裡，短期間如果沒有工作收入，或許還可以靠家人支撐一陣子；相對於北漂的年輕人，便不得不對現實妥協，凡事都得謹慎踏實，有收入後再來談愛情品質、三觀價值。

在我的《三十獨立職場學》課程中，有位年輕學員表示，女友因為覺得他太愛錢，凡事錙銖必較，抱怨像樣的高級餐廳約會從來都沒有，甚至在他決定搬到臺北工作時提出分手。他說並非是他像鐵公雞一樣，實在是因為北漂開銷太大，能省就要必省，尤其工作前期不穩定，新人得像打雜兵，幫老闆跑腿買咖啡，還得溝通跨部門的協調。只希望咬著牙經歷幾年過後，人生方向能夠愈來愈清楚、理想路上愈來愈踏實，眼前只求能做著自己喜歡的工作，不被未來辜負。

在現實的「愛情」面前，人生的取捨，肯定會大過於理想與幻夢，過程中必定藏著許多言不由衷。

相愛的兩人在前往理想的途中，有可能也會背道而馳

與心愛的人一起找尋理想人生，過著理想日子，你們途中所經歷的人事物，或多或少都會因為目標、思維、價值觀的改變，而有了不一樣的看法。談不上不愛了、變心了，而是你真切知道自己更合適什麼。正因為理想過於美好，才會被添上華而不實的傳說；也因為理想如此偉大，而被不停放大，以致於當現實中的生活或工作不符合理想就倍感失落、痛苦。然而，若因此而放棄，就此讓理想耽誤人生，你們都得認清以下的事實：

理想，能讓你們的生活變得更富足？不會，你必須要有本事及能力足以支撐理想，讓才華兌現。

理想，會因為其中一方先努力而更快達成：不會，你們要各自付出代價以匹配彼此，這是一場公平競賽！

一旦認清愛的現實，想要理想與人生並進，**需要共同成長，更重要的是學會在相處中隨時調整前進節奏、取捨想要與非必要，認清在迷途中身旁的他是否方向一致。**

朋友不必太多，
二至三個也就足夠，
那種在你最需要擁抱時，
總會出現的朋友。

10／沒情人前的友情，有情人後的關係

單身日子，我們一起玩得開心融洽，從不說明天在哪、永恆不變，像十幾歲的少年少女，對於愛始終保持期待。不是單身的時候，卻心知肚明所有表現都只是虛應場合，總顧慮太多誰的敏感反應；制約於道德框架的責任、口頭承諾的義務，表面上看起來忠誠唯一，實際卻包裹著複雜情緒，當中也難免夾雜慾望、占有，以及不想多說的醋勁。

Ted是我剛入社會時認識的朋友，十分擅長交際與活絡場子，

每次跟他一起出席的場合，所有目光都投射在他身上，像萬人迷一樣，人人都跑來與他敬酒寒暄，在他身上看見了活力滿滿與自信魅力。二十九歲那年夏天，他在朋友圈公布即將結婚的喜訊，讓人震驚不已。某次聚會，我們遇見他帶著未婚妻，舉止不如平常那般俐落，也不時給予眼神暗示，像是悄悄提醒朋友們哪些話該說、哪些話請三思之後再說。

他的未婚妻問到：「Ted平常都這麼內向嗎？他的前任女友你們都見過嗎？他跟我說他交往過兩任，我認為他專情，我應該是他最後一個女友了吧？」

「對啊，的確很專情！」我們答覆得支支吾吾。心想，才怪！他可是出了名的花心大蘿蔔耶。

「不去夜店、不愛交際應酬，他是我一直想要的理想對象。」女友說得信誓旦旦。

「嗯嗯……他的確很乖，晚上他很少出來，都是我們約他。」我們趕緊帶過一再追問的話題。

原本該是一場歡樂祝賀、沒有壓力的飯局，卻成了同盟圓謊接力大賽，讓人愈說愈尷尬、愈講愈心虛。或許是本性難移，一件稀鬆平常的事，讓Ted最後再也受不了，演不成凡事完美、乖寶寶形象的忠誠男友，於是在婚前一個月，兩人攤開所有相處上的問題，和平結束這段「表裡不一」的關係。

半年後，這齣「夢幻男友實境秀」終結落幕，他又回到原本最真實的樣子，不再彆扭、膽戰心驚地過著每一天。

兩人相處，如果多數時間都在演戲，結局的難堪可想而知

活到一定年紀，我們多少都練就一點「看人」的功力，說與不說之間，都各有保護色可對應。不論是基於保護對方，或是為自己設下最後防線，與交往對象相處時，你變得拘謹又謹慎，有時是學習如何適應關係，有時是練習在愛裡讓步，而多數時間，它是在提醒你面對自己。別以為對方不知道實際情況，是否想過，也許他只是想讓你有臺階可下，暗示你盡早誠實。

誰都希望能在另一半面前詮釋好完美角色，直到有天你心力交瘁、厭倦疲憊，再也受不了、看不慣那不是真正自己的時候，那才是真正的難堪。**完美，並非愛的真諦，真正的愛是帶有瑕疵的，就算爭吵，也會在磨合後依舊珍惜，仍然記得當時初識的感動。**

—愈熟悉你的朋友，愈要好好珍惜—

真正的朋友，或許講話直接又寫實，寧願坦誠以待，從未顧及你的顏面也不怕被你封鎖的風險。當你戀愛，總是在身邊力挺你的所有決定；當你工作升職，真心為你歡呼慶祝；當你受盡委屈，再晚再忙都會聽你抱怨、提供建議與反饋。而總在你最需要擁抱或陪伴時出現的朋友，二至三個便已足夠。

有些愛，並非只存在於戀人或者家人。朋友之間的愛，同樣需要經營並且共同成長，不能只是單一的付出，彼此也要激勵打氣，你將發現，擁有朋友的支持遠比一頓高級下午茶、五星級飯店SPA、夜店狂歡來得更有用，更能讓你體悟愛的重要。

每個階段的自知，都會使你清楚知道關係的重量

人生的每個階段，我們都會遇到不同圈子的朋友、認識有緣分的情人，於是，我們在愛的輪迴之中找到自己的價值。經歷過那些相愛卻帶給你遺憾的人、憧憬卻無緣的人、非一見鍾情卻真摯對你好的人，漸漸地，你明白了誰是誰非、誰真正有益於你未來人生發展，還是僅止於酒肉關係或消耗你能量的寄生蟲，是時候學著為自己負責，斷開那些總是浪費你時間的人。

下次當你感到心煩的時候，不妨先靜下心來好好檢視自我、思考問題的來源，生活將會因為你的改變而產生意想不到的正向循環。如同心理學的「霍桑效應」，當你找到問題後，試圖給予自己讚美、灌輸正面能量、把重心放在自己身上，才是好好過生活的重點。

每個人都該值得擁有朋友的鼓勵、情人的陪伴，而在這之前，不妨讓自己擁有這樣的能力，感染身邊所有的人事物，促使「正向循環」影響你的每個決定和價值。

CHAPTER 3

#轉換

終究明白，遺憾總會讓你看清

敞開心胸，
對的人才能感受到你的頻率，
穩住你的心，進而產生共鳴。

01 / 像我們這樣個性的人，誰會真正愛我？

工作能力好，又有見解看法、了解自己適合穿什麼樣的衣服、有節奏地安排日常活動、擅用行事曆把每天規劃得精彩，的確都是需要時間來鍛鍊的自律。或許對普羅大眾來說，這類人給外界的觀感是「好逼人，難道不能讓自己放鬆一點嗎？」又或是「太難搞、太難征服，相處起來肯定規矩一堆」等負面揶揄。

我的好友Nicole，是一位三十七歲的黃金單身女郎，曾談過四段戀情，其中有一任已經到了論及婚嫁的程度，卻被未來婆婆嫌棄過度精明能幹、只愛自己的工作狂，肯定不是那種「以家庭為重、把生男孩視為首要任務」的好媳婦。受不了如此傳統觀念的她，一氣之下便斷開了這段長達八年的感情。

在三十歲前情場失敗，對爾後的約會多少也留下內心陰影，每每有更進一步的發展，她也是笑笑，要不就是避而不談結婚及人生規劃。

不是不努力尋找對象，而是理性且勇敢的測試過後，她更加確定自己生活過得很好，有能力打點好自己，並維持元氣滿滿的狀態。婚姻不一定是每個人的人生選擇，重要的是，該如何找到自己未來過日子的生存方式。

一打點好自己的人生，比擁有一段愛情更值得投資一

一個人的日子，說長也長；說短，忙著忙著，便忽略了時間在漫漫歲月中過去。你盼望一段愛情的到來，但需要先將自己調整至最佳狀態，過程還得要有點運氣。打理好自己的生活、工作，與家人朋友間的關係融洽，對未來有明定的目標，成年人談愛情更務實一點，總比年少時空談未來更值得期待。

有人等待幸福等了一輩子，卻糊塗錯失幸福，因為許多時候幸福不見得會讓你親眼看見，而是需要多方面的心靈領悟，使你感到自在踏實、少點波瀾的不安；也有人得到了所謂的一生幸福，但真實的狀況卻是貌合神離、沒有一天感受快樂。時間一久，愛，不僅變質也崩壞，關係終究回到原點。

不是不談愛，而是愛的變數太大，情緒太多、安定太少

漸漸地，面對關係的開始至結束，逐漸能以平常心淡然看待過程，在歷經大起大落，花謝花開之後，敞開心胸大門，讓對的人能感受到你的頻率，穩住你的心，進而產生共鳴，其中也包含你的過去、你的脾氣。也許，**愛情之所以能在每個人的此生反覆出現，是因為它讓你看見自己，且讓你有能力去愛或被愛，要相信愛始終在我們生命中存在。**

即便愛情呈現的模式，可能走得長遠，或是短暫如煙花，相對來說也絕非適合每個人；但可以確定的是，一旦你狀況絕佳、心態舒服，遇到好對象的機會自然會隨著提高，相處的默契也會愈來愈貼近期望。

年輕時的狂妄、至今懂得收斂取捨，是這段時間的成長與改變。三觀價值，隨著階段不同而有彈性空間，方法多元且不說死，與其要求兜轉一圈後改變自己與對方，倒不如做些什麼來調整心境，放下自尊的枷鎖，愛你的人自然會感受到你的變化。而這般的柔軟，換來的愛將會是如堅盾的力量。**當我們總是期盼誰能來愛自己時，試著想想，我們又憑什麼要求對方愛上自己？**

花若盛開，蝴蝶自來；
人若精彩，『正桃花』自然來。

02 / 終究明白合適或勉強，現實與虛擬的差別

在交友軟體上，Summer與小偉對彼此的照片一見鍾情，從個人簡歷到生活興趣，每一項都是他們各自的憧憬。Summer喜歡他的外表，陽光、時常旅行及愛作菜；小偉滿意她的外型，火辣的身材不提，同樣喜歡音樂與展覽，相處條件則希望能一起從事戶外活動，更重視溝通及心靈成長。於是，在虛擬世界聊了快一週，每天起床或睡前互相問候早安晚安、也總頻繁收到叮嚀吃飯的訊息，兩人像極了深陷熱戀的情人，但，其實他們根本還沒有見過面。

某天，Summer因為整個上午都沒有收到小偉的早安問候，工作魂不守舍，就連會議上的部門報告也都無法專注，主管認為她是職業倦怠，部門同事則猜她沒喝咖啡所以狀況外。這樣的狀態持續了兩個禮拜，不僅與她共事的人開始心生反感，還丟了公司千萬客戶的訂單。對感情患得患失，讓工作亮起紅燈，Summer猛然發現自己竟然對一個「陌生人」暈船，而暈船所付出的代價如此之大，連升遷機會也變得遙遙無望。

但她，還是整天看著手機有沒有小偉傳來的訊息。

經過三個多星期左右，小偉主動聯繫她，道歉並解釋之前沒有聯絡的原因，竟是「外地出差不方便總是拿著手機，主管在旁邊。」、「最近有個專案，必須聚精會神專注完成。」不管是理由還是藉口，Summer仍然十分開心，於是他們相約週末晚上一起共度晚餐。沒料到滿心期待的初次約會，見面時，小偉並不是照片上的那個人，興趣與嗜好也都不是她所嚮往的，話不投機半句多的尷尬氛圍，不到一小時，兩人就草草結束了兩個月的「網戀」。

慾望如飛娥撲火，曲終人散後才明白自己的荒唐

過度渴望愛的人，藉由交友軟體想要找到真命天子或真命天女，憑著幾張照片就認定對方並產生好感、初次見面就準備在一起而談論未來，沖昏頭之下，不由自主地爬到對方床上……，慾望的開始與結束，如飛蛾撲火般，抱著嘗試一百次總會有一次遇到真愛的賭注，殊不知，每況愈下、空虛感十足。

若想真正認識一個人，請給自己多一點時間去觀察對方，別因急性子而亂了應有的節奏。真正屬於你的感情，是值得用時間慢煮慢熬，從個性到共同喜好、相處適應、金錢觀到未來發展……這些都得抽絲剝繭好好感受，並非一朝一夕就能知曉完畢。

太快跟你在一起的人，多數不會是真愛，你可能只是對方企圖逃離寂寞與孤單的浮板，更多時候，是代替遺忘前任垃圾的回收桶。

有人急著一起回家，有人只想回到各自的家

忙碌追求生活及工作展望的現代男女，夜深人靜的孤獨，長期壓抑的堅強灑脫，難免貪圖未知又美麗的幸福。看透現實的冷酷，

追逐著情歌的旋律、旅行中的自我平衡，想著過往的遺憾，流連於絢麗迷幻的夜生活，一路上跌跌撞撞，愛情的去留始終不是哪一方說了算。

合適的戀人：是共同經歷愛的旅途，契合後攜手走下去，然後一起回家。

勉強的戀人：是兩條毫無交叉的平行線，假裝急著一起回家，卻想回到各自的家。

要不要把節奏再放慢一點、更慢一點，試著體悟自己真正的感受，至於合適或勉強，內心的真我勢必會給你最誠實的答案。

對『過敏』的人事物，
不需假裝和平共處，
不灰心、不緊繃、不再強求，
才是成熟大人的處事態度。

03 / 努力工作是一回事，生活精彩才是正經事

多數時候我們按部就班地生活，不敢大膽冒險破釜沉舟，最主要原因是怕選擇了沒人走過的路，摔得粉身碎骨。某天，我與一位廣告商朋友約餐敘，四十六歲的Rose，外貌豔麗大方，骨子裡卻是自怨自艾的大姊。每次見面的開場白，八九不離十都是碎念工作委屈、生活無常，偶爾參雜批判時事的不公不義，聊天內容不外乎是：

「信用卡帳單比領薪日還早到，當下想到的是這個月戶頭還剩下多少錢，日子真是難熬……」

「總是工作，很久沒有好好休息，好想放空耍廢啊，我真的太累了。」

「他愛我、我也愛著他，但我希望時間保留給自己，不想跟人相處還戴著面具。」

聽完她的老生常談，不得不承認，多數人總是被生活壓得喘不過氣，努力在工作上證明成就、追逐薪酬頭銜的高低。愈是不安，就愈想急著找到出口，解決困境，最終也只是多打幾份工來消除錢不夠用的不安感；不斷向不同的人索求疼愛，為的是讓自卑可以分散風險；拿出手機隨時隨地曬出精緻照片，卻不願讓人看見自己最真實的苦悶。

生活總充斥著許多真實與虛幻，為了滿足需求，我們透過工作付出勞力，賺得報酬以抵擋欲望的吞噬。長遠來看，工作確實可以支撐日常開銷，讓生活品質更好，但像Rose這種悲觀的個性，在旁人眼中，可能是因為工作忙碌而間接影響生活品質；反覆過程中，因找不到重心而選擇逃避，沒有目標便投入工作，猶如機器人般活著。不僅身心靈逐漸麻痺生病，人際關係也好不到哪裡去。

事後，我建議她先把腳步稍做調整，「寬心，放鬆，再緩慢！」找出生活重心，再做好為人生下半場準備的理財安排，並且找出興趣學習第二、三技能。當日子過得自在，心通了，思維領悟了，苦悶自然減緩，人生也跟著漸入佳境。

一愛，是自癒的本能；學習，是最有效的充電一

進入社會後，你肯定也看過形形色色的人，撇開家庭背景是富

裕或小康，你發現總有一些人，為何好事都會找上他們，並非因為他們有多專業、人脈多廣，而是他們時常保持「正向循環」。例如，將家中用不著但狀態良好的物品捐贈出去，保持個人生活簡約，也幫助了需要的人；工作儘管卡關難纏，也會試著轉換成另一種思維來面對問題，試圖溝通並解決，而不讓情緒成了理性處事的絆腳石。

愛，本身就是一種循環能量，每個人都能具備成熟看待及處理問題的能力，從日常小事開始學習改觀，你將深刻感受到：「事情順遂了，人也變得圓融，關係更簡單」。

一 機會餽贈的禮物，其實都已標上了價格 一

工作努力是基本尊重，但努力過頭、九成重心全放在工作上，

就是本末倒置，除非你自己就是經營者、創業者。無論有沒有邁入婚姻家庭，還是對愛情失望透頂，投入工作就應拿到相對應的報酬，才說得上對等公平。倘若只是逃避人際關係相處、自尊心太強、自卑感作祟，找不到支撐工作前進下去的理由，匱乏感只會讓你愈過愈不開心；萬一有天因此而反被工作拋棄時，豈不是天崩地裂般的難熬。

生活是奠定我們人生的基礎，而工作只是其中一部分，生活的豐富多元，肯定是由你自己長年摸索出來的，不是強行跟著劇本走的流程。二十歲前的人生，可能是父母親為我們寫好腳本；二十歲後的人生則是自己說了算，你得親自寫好寫滿，不論是開心與難過、挫折與成就，多數時間是你關起門後，嚎啕大哭、安靜沉澱下所找到的成長意義。

—對「過敏」的人事物，不需要再勉強和平共處—

嘗試調整心態去接受已成定局的事，幸運的話，生命會有正向答案反饋；無奈的時候，也只好摸摸鼻子繼續前行，此刻，不灰心、不緊繃、不再強求，才是真正成熟大人理性處事的態度。尤其是在人際關係及生活日常，盡善盡美的付出之後，得到的回應冷淡、對方不理睬或惡言相向，很多時候可能是：

誠意沒有到位，解決方案都偏向一方的自私，沒有將心比心進而感同身受。

對方也要你付出代價！多數時候代價是無形的，純粹屬於感覺問題。

別再拘泥過去，你得真正釋懷，每件事發生，自然也會有結束的時候。

　　新生活隨時都可以立刻展開，沒有誰的時間比較重要。每個人一生能使用的時間長短不盡相同，能否用心讓互動往來良好，才是你要斟酌的重點。對於那些已經付出，卻得不到回應的人事物，就別再繼續等候了吧，開心是一天，不開心也是一天，你為何要選擇懲罰自己而辜負了每個嶄新的日子？好好過日子，愉悅精彩、創造更多美好，那麼，你也沒有理由使自己再次跌入負面的深淵。

人生中，專屬於你的人太少，
不分晝夜的點亮自己，
深怕你辛勞歸家找不到路。

04 / 可以接受一盞燈的亮度，卻接受不了整個太陽的閃耀

那天，我和Jess坐在臺北街頭一家咖啡廳的落地窗前，靜靜聽著她的故事。原來，還有這樣的人，正等待著屬於她的愛情。

辭去旅遊線總編輯工作十年的她，試圖從過往繁雜的壓力、與時間賽跑的節奏裡跳出來，渴望也嚮往從容的簡單日常，甚至想要好好談一場戀愛，更不排除穿婚紗的那一天。儘管已經三十八歲，她的內心依舊住著天真浪漫的小女孩，幾年前遇到了一個原以為會有結果的對象，可惜對方玩心太重，只想與她停留在燈紅酒綠的夜

晚，陪他吃飯逛街、當他活動出席的女伴，從未談到想穩定下來一起生活，更別說計畫未來的打算。不死心的她，痴痴等待能有轉圜的餘地，希望對方有天會因為她的默默守候，而回過頭來正視這段關係。

日復一日，她告訴自己必須找到生活重心。已經半年沒有收到對方的訊息，Jess也因為忙於碩班的課業，而漸漸遺忘了那些使她患得患失的日子。為了準備論文，每天埋頭苦讀四至五本原文書，她逐漸喜歡上充實又自在的自己。上天或許看到她的努力與積極，由職場人轉為學生後人緣更好，她把之前擔任旅遊線編輯的工作經歷分享給同學們，意外成為班上的萬人迷。後來也結識了一位外國男友，兩人氣味相投、無話不說，終於等到了開花結果的戀情。

某個晚上，突然收到了前任的訊息，原以為是關心問候的寒暄，內容竟是命令她：「妳可以幫我找某某嗎？我需要他來幫我的公司做份提案，幫我安排一下，儘快跟我回報，順便幫我訂一下餐廳酒廊……」沒想到整整半年沒聯繫，等到的竟是這樣的口吻及要求，Jess一氣之下直接把他封鎖加刪除，連朋友都不用當了。她才徹底覺醒，原來一直以來她在對方的心目中，只是一個予取予求、使命必達的祕書。慶幸現在有一個非常愛她的男朋友，感謝前任讓她看清楚自己，更堅信自己值得被愛。

一愛如果只剩下交代，其實距離終點也不遠了一

有些人，不再愛了，便習慣用「命令」的方式，讓深愛自己的對方感受到「存在感」，但這樣做很傷人，只是為了讓這齣戲可以再拖延一點、再慢一些落幕，因為沒有人願意鼓起勇氣當壞人喊卡。曾

經愛過，不代表現在還有愛；曾經試圖愛過，但也不全然說不愛。這樣的愛，只能說是苟延殘喘。

於是，讓你忙一點、有點事情可做，是他們善用的招數，以減少你來煩他的機會，更多時候是為了讓你離他遠一點。這樣的愛，不僅自私也是殘忍的，偏偏你以「甘願做、甘願受」為由，即使知道這樣的自己被看輕，但能拖就繼續拖，無傷大雅的表面寧靜，底下卻是無法回頭的句點。

你需要的是一盞為自己照亮方向的燈，而非遙不可及的太陽

愛一個人就是愛他所有最真的面貌，而非只有光鮮亮麗的那一

面。身處於愛情之中，難免因自我追求與人設背景，使人眼花撩亂哪個是真、哪個是假，即便你也在過程中目睹了所有關於他的一切，甚至猶豫你和他的關係是否完美匹配。

一旦愛情有了人設較勁、金錢階級，弱勢的一方肯定暗地心生自卑。若你的對象是高遠的太陽，請你一定要調適心態，若是決定從一而終，那就盡力追上他的成就，而你也將在這段關係中拾獲成長，擁有不同高度的視野；**若你的對象是一盞為你照亮方向的明燈，就請好好呵護，人生中能單一又專屬於自己的人太少，無怨無悔的守護、不分晝夜的點亮，只為深怕你辛勞歸家時找不到路。**

別浪費時間在原地哭泣，
你該邊走邊修復自我推進的動力，
不該舔著傷口悔恨過去。

05 / 物換星移，有人選擇大步邁進，那你呢？

每個人一生多少都存在著些許遺憾，無論是放手，還是眼睜睜看著逝去，此時此刻，我們都在當下學到了：「釋懷、無感、再開始面對。」你曾想過離開一個人要花多久時間？淡忘傷害或挫折，要經歷幾回適應才能復原？新環境及心境平穩又得需要多少次機會，才能讓自己重新與所有關係和平共處？同樣的你們，在不同的時空，心境變了，結果也會是不同的答案。

三十歲那年，因為出差的關係，我愛上了北京這個城市的直爽，所看見的每個畫面都是如此熟悉又新鮮，更帶點文化差距的異地感；三十四歲，實際搬到北京，學習入境隨俗，就算再寂寞，也不再與臺北的朋友訴苦、道出內心糾結，而變得更加勇敢自主，不再頻頻回望美好的曾經。也可能是認清了每段關係背後的價值、成熟與世故的應對，更多時候，無奈只能默默帶回家，哭泣之後，天一亮，武裝好自己再重新出發。

於是漸漸明白，**人生中的逗點，都是經歷不斷的歸零和開始，而那些怎麼都解不開的結，在逃避與重組之後，竟也悄然開啟，成為下一篇章的新場景，你與自己全新角色的「心」關係建立。**

曾經，在心中存著許多疑問，無論是深愛過的人，還是短暫依賴卻不告而別的人，多年後想起的瞬間，你依然會微笑，可能對方的模樣已經不再記得，想問候也因擔心打擾而只能留在心底。你學會了獨立，鬆開無疾而終的遺憾，不再抓緊不放。

—過往的虧欠，說穿了，也只是沒被理解的淚—

終究你會明白，年少輕狂曾經一起編織的未來，當其中一方提早認清了事實，想單飛而朝著更實際的目標前去時，被拋下的一方難免會不解、甚至委屈悔恨。儘管過程殘忍，時間的拉扯讓你們似懂非懂地明白對方的理性及對人生的憧憬，等再走過幾段歲月，留下的未解答案也將不了了之。

當時的你們眼裡只有對方、深陷於不被理解的哀傷，任誰都不想被虧欠，只想離開沒有未來的現況；誰也不想承認，這些年自己的認真付出全然枉費；誰都不願反覆想像，不再有對方的白天和黑夜。夢想簡單，生活困難，如今的你不願再使自己左右為難，因為你已清楚知道自己要什麼、不去討好的理由又是什麼，剩餘的體力及眼淚，更不想平白無故的浪費。

我們都在成長蛻變，背後並非只有無理取鬧的無知作祟，還有奮不顧身的青澀，你得感謝當時的勇敢，造就了現在最好的自己。

—多數時候，人會把習慣當成了喜歡—

揪著不放的意義，口是心非的說著已經完全不在乎，是多數人把自己的未來走死，反覆撞牆般的咎由自取。沒人有義務二十四小時呵護你的情緒，無論是多麼傷透心的無助、事與願違的承諾，或是毫無預警地鬆開你的手，都是既成事實且無法改變的結果。

若不想人生中的每一天、每一秒都沉浸在悲傷裡，你不妨想想「最糟糕的，都已經發生，接下來還能更壞嗎？何不從現在開始重啟明天全新的規劃？」勇敢踏出去吧！想要身上有錢，就去工作賺取收入、投資理財；日子想過得精緻快活，就慎選對自己有益的朋友圈；想要有穩定發展的感情，就請刪掉交友軟體以免生活患得患失；不想讓自己再被他人看扁，就要讓自己變得更強、更有擔當。

反覆掛念著舊回憶，活在過去，固然也安逸，但時間一久，宛如溫水煮青蛙，別人都已成大事準備收成，而你卻還在原地踏步不斷抱怨。到底人生是自己的，還是他人的期待，你自始至終仍是充滿著搞不清狀況的渾沌感。**生活可以積極，也可以頹靡，終究還是得清醒後為自己作主。**

—同類人一起前進；異類人往後則無須再有關聯—

物換星移、人事已非，有人選擇大步往前邁進，有人則停在原地徘徊。有些人這輩子可能不會再見面了，不論有沒有機會再續前緣，即使再見，也只是話不投機的尷尬。幾年光陰過去，我們無法掌控或苛責對方為何神情樣貌與過去截然不同，談吐舉止變得如此保守和自私，面對這樣的變化，或許你感到驚訝，卻不曾思索他們究竟經歷過什麼，才有了這樣的改變。

人，總是習慣選擇自己最不捨的、自卑的、不甘放下的，來佐證自己相信的事情。多數人在為愛受傷之後，能重新拾起靈魂，繼續向前走去，是因為體悟到不能浪費時間在原地療傷，而是該邊走邊修復自己推進的動力。

一旦踏出腳步勇敢向前，你可以隨時讓新生活風光明媚，遇見同樣和你珍惜愛的人；放下自卑，你可以不用再與頻率不同的人假裝平和；離開無緣的關係，你才會有遇見適合的人的契機。

輕盈一點的自在，
照料好自己的起居，
何嘗不是一種獨樂不迂的人生觀。

06／重組個人定義，不因為害怕孤獨而融入人群

我們都想要擁有幸福美滿的日子，但現實總會要你選邊站。選擇職場，你得付出專注與精力，於每一項任務中留意細節，愈是花心思，就愈消耗你更多私人時間給工作，機會當然也會比競爭同儕高出許多，但生活難免少了溫度，也可能換來另一半的不滿及不安全感。選擇生活，你得全心全意呵護你所在意的人，除了陪伴與關愛之外，午夜夢迴總會被現實打臉，錢不夠用、寅吃卯糧，就連信用卡帳單也都只能以最低應繳金額來墊付。

或許有人會說小孩才做選擇，兩者都拿下不就兩全其美了？說得簡單，事實上，工作和生活只有取捨沒有平衡，多數的人將自己獻給了工作，起碼三餐溫飽、家人起居得以照顧，至於有沒有另一半或是邁入婚姻的打算，嗯，晚點再說！

Sam離過一次婚，前妻嫌棄他工作不夠有企圖心，辛苦了八年也不過只是一家公司的課長，每個月給的家用根本不夠，也沒有自家車，外出時只能搭公車轉捷運，就連結婚週年紀念日都因省吃檢用而不去慶祝，生活枯燥乏味，最終換來前妻以「沒錢沒有安全感，看不到未來」為由結束了十四年的婚姻。難道Sam不想提高生活品質嗎？當然想，只是太太不願意等。如今的他，是擁有三棟房子的黃金單身漢。

總是不乏可以一起玩樂的朋友，但能夠共患難的人卻難有。經歷這些年的風風雨雨，Sam很難相信感情可以長久不變、全盤信任一個人，雖然也有和條件不錯的對象約會、嘗試去接納，但到頭來都覺得過於麻煩而緩下腳步。一次聚會過後，我與Sam相約街角酒吧續攤暢談近況，大哥風範的他也樂於與我分享五十三歲的待人處事。

他笑著說：「你看我，現在過得多自在，沒必要一定要有人陪著過日子。是不是氣色很不錯？孤獨，是見仁見智的事，當你擁有穩定收入帶來的安全感，生活中的任何選項都會自然完善。」

這晚之後，我從旁觀察他的言行舉止，感受不到一絲一毫的孤寂，看見的是他成熟散發出的自信、從容與優雅氣度。對於愛，他解讀豁達，不汲汲營營也不畏懼何日到來，輕盈一點，自在一些，照料好自己的起居生活，何嘗不是一種獨樂不迂的人生觀。

—踏實過好每一天，是最樸實的幸福本質—

不論你聽過或讀了多少關於「寵愛自己、善待自己……」之類的文章，對於如何擁有愛，最實際的做法，不是來自那些遙不可及的論調，而是身邊微乎其微的細瑣日常。把自己打理好、擁有一份收入穩定的工作，培養幾種興趣以支撐空乏無趣的時光。**愛，不見得必是光輝奪目，也可以是再簡單不過的，甚至是自律生活、自然而然的習慣。**

好好享受一碗熱呼呼的湯麵，盡八分力氣把工作告一段落，放空追一齣不燒腦的美劇，保持情緒平穩，不把時間浪費在破人破事裡消耗精神。儘管偶爾會有山雨欲來的時刻，因你能為自己擋風遮雨，面對突如其來的意外也無傷大雅。

一拋開過往的理性絕對，回歸初衷的浪漫一

回到私下的獨處，你知道自己已有多久沒有開懷大笑，或因對方一個貼心舉動而感動不已，即便如有人記得你的名字、與你互道早安這般簡單的事，都能讓你感受到生命的美好。工作多年，我們的心已被磨練到缺乏感性的溫度，外表冷漠只因為害怕受傷，為了生活而努力拚命，卻忘了自己的初衷與理想。

於是，你以嚴格標準看待所愛的人，因為曾經受傷而不敢再次投入，你與任何事物習慣保持距離，不僅變得難以溝通，連關係也因此緊繃而猜忌。想奪回生活的自主權，輸給自己總好過被人拒於千里之外，放下那些不必要的堅持、感謝身邊至今不離不棄的家人和朋友，試著有彈性地為人事物調整空間，那麼，生活上的你將會因為心態舒服，獲得更多喜悅，而讓所有關係自在圓融。

不在關係裡感到孤單，你得學會讓步

相愛的兩個人彼此都有個性、脾氣，因為愛而相知相惜，若恰如是球場上的競爭者，你會在乎輸贏的面子，還是想讓賽局撐久一點而共創火花呢？每個人看待愛情的方式不一樣，想要關係走得長遠又持久，必定得多一點體諒與讓步，才能不在遊戲中提前敗陣。

單身的人怕孤獨，有另一半的人也怕孤獨，要改變「孤獨」的空寂感，得敞開心胸好好說話、彎下腰放下身段，才是維持感情的不變奧義。

先低頭示弱的人不見得總是最大輸家，有時候是因珍惜對方的好而大方拱手，盡可能把握擁有的當下。與其讓自己陷入兩難，倒不如回想自己的初衷。誰不是因為愛，而想在一起，假如現在對方已經不在，你會因為孤獨而重蹈覆轍，為了填補內心的寂寞空虛隨便找個人來愛嗎？

留一點時間給自己喘口氣。
別追太緊，
有時付出太多
反而容易被視爲理所當然。

07 / 有些事，喘口氣後再做決定

朋友 Tanya，總習慣在行事曆把一天的行程排滿，三十二歲的她，因為個性問題、觀念不合換過多任男友。她說自己對於生活有著獨特步調，只要一不合她意或臨時有變動，就會手足無措、坐立不安一整天。多數人受不了她的過度完美主義，大概也只剩下我們這些懂她的朋友不離不棄、無怨無悔地陪伴在她身邊了。

回頭想想那些與她交往過的男人，沒有一個超過半年以上，往往在分手過後都會慶幸：「終於離開一個瘋女人了！」、「到底有完沒完，為什麼每件事情都要有計劃，不累嗎？」、「白天才說要永遠在一起，到了夜晚就開始哭鬧說要分開，到底……人格變化實在大到令人無法招架……」荒唐的分手理由百百種，我們也見怪不怪了。但，為什麼她總是給人這樣的印象？

與Tanya認識，是因為我們在工作上交手過。她是我的配合廠商，我欣賞她做事細心謹慎，也認為她是可信任的窗口，但幾次下來卻發現，她不僅無法溝通，也缺乏彈性，後來又從同事口中得知，許多默默打退堂鼓的合作專案，都是她所經手。某次在公司餐敘場合遇上，她給我的印象果然表裡如一，講話速度快，只講自己想講的，不小心得罪別人也不自知。

幾年後，我們由合作關係變成無話不說的朋友，當Tanya侃侃而談她的私生活，以及與曾經交往對象的相處模式，不難發現真正問題的所在。交談過程中，第一人稱的「我」頻頻出現，且過於打破砂鍋問到底的個性，使她在人際關係中不夠討喜，加上不知變通的擇善固執，可想而知帶給對方的緊繃壓力。

處事高效快狠準是好的，過程就算沒有「人情溫度」，也不致於被扣分；**若能有「人情溫度」的加持，則會使雙方關係潤滑、默契提升，並促成好感而期待下次見面的機會。**不論工作還是生活，同事朋友還是親密愛人，都是同樣道理，需要藉由「升溫」讓雙方距離拉近，減少因不夠了解而產生不必要的誤會。

—適時讓人知道你的辛苦，不該只是默默做、默默受—

時代不同了，你的辛苦付出與用心應當讓對方知道，因為人是相對的。以往待人處事的價值觀崇尚沉默是金，不宣揚自己的付出有多麼委屈又辛苦，於是容易形成能者多勞的情況，使原不屬於自己的責任與義務，最後都成了理所當然的使命必達。而你不敢喊痛喊累，深怕被人貼上「承受不了責任」的標籤，許多辛苦只能默默吞下。

若不主動讓別人知道，誰又會明白你究竟為何而忙，做了什麼、感受如何、結果怎樣。當你為了他輾轉難眠，他卻酣然入睡；當你為了他焦頭爛額，他始終無動於衷。你渴望他有讀心術，不用你說也能明白你的心情、替自己出氣，明白你的所作所為，多一些同理憐憫彼此之間的僵局，化解問題的癥結。

關於愛，你得學習留一點時間給自己喘口氣，別追太緊，有時付出太多反而容易被視為理所當然。學會取得平衡，將會更快樂。

一工作可以保持理智，談情務必學習失智一

你已被工作磨練到「秒回訊息」，凡事都得「實證答案」，開始懷疑自己究竟是從什麼時候開始變成這般制式、刻板。心很累，因為已經六神無主，沒有靈魂；身體也累，當初的熱情早已消失殆盡，凡事只想草草應付。在掏空又疲乏的狀態之下，你勉強擠出的任何決定及答覆，肯定都不是最佳回應。

無論多忙、多緊繃，若要維持身心平衡且有意義地過著每一天，請讓自己回到家後，有個舒適且心安的空間可以沉澱與放空，不再碰電子產品、也不處理公司的郵件，甚至可以與家人或另一半共同做一件事，以舒緩緊繃了一整天的神經。

—不是停不下來，而是把自己放得太大—

沒有任何事情，比起自己的生活、健康、家人更為重要的。人生只有一次，別被工作綁住，而忽略了真正體恤關心你的人。工作獲得報酬本是天經地義，也可以讓生活品質更好，但往往因為沒有對工作設限，使得你的每段關係出現裂痕，與喜歡的人漸行漸遠，甚至因疏離而造成誤解。**因此，時常叮嚀自己暫停腳步後再出發，是讓自己可以有喘口氣的時間，進而回頭檢視你與重要人們的親疏遠近。**

工作上，一旦你離職，公司很快就會安排好取代你的人；生活上，若你冷漠不投入情感，很有可能讓關係遭受破壞。要使關係細水長流，不妨現在開始思考，是否已經很久沒有關心所愛的人、重要的親人、把你放在心上的老友們。放下無謂的自尊，學會破冰，人生會更順遂，因為你值得讓人持續為你付出，也感謝他們至今仍對你不離不棄。

彼此各取所需，無須太過計較，
誰先暈船即是舉白旗投降。

08 / 說愛太沉重，關係取決於「心照不宣」的平衡

儘管再怎樣忙碌，只要逮到空閒時間，反射動作就是打開交友軟體，彷彿是重度吸菸的癮君子，看看附近周圍有沒有秀色可餐的天菜、新鮮感十足的陌生人。終於打完了一篇似真非假的自我介紹，再選擇幾張套上濾鏡後的自拍照，只為博取吸睛以拔得頭籌，更期盼可以得到有緣人的主動出擊、破冰招呼。

對愛渴望的你，許多時候，更希望愛能夠再多點選擇。從初戀到現在，你誠實檢視幾段無疾而終的感情，有些人在不對的時候想

求長久穩定，殊不知你此刻只想走馬看花、貨比三家；有些人在對的時候出現，你準備鼓起一輩子的勇氣說出「我愛你」，不料對方並沒那麼喜歡你，只想享受有人殷勤陪伴的快樂。我擔心你太認真走心愛情，你擔憂我藕斷絲連不懂喊卡！

在關係中，任誰都害怕過度付出、託付錯人，一次又一次的傷害，最終學到的是「你得愛自己，別再犯錯了」這樣的警惕，卻沒有人告訴我們「不該這樣對待愛情，可以如何努力守護自己和他的未來？」於是周而復始，千錯萬錯都是別人的錯，自己永遠都扮演著悲情角色。這樣的循環並不會告一段落，而是每經歷過一次，就會更修練出能言善道、處變不驚的你。

也曾與愛擦肩而過，經歷交手後而徒留遺憾，於是你開始稱斤論兩的挑選關係。不太愛的，過度認真的人你會害怕；有點好感的，舉止輕浮的人你會暈船。一旦新鮮感褪去，好感不再，訊息消失，你再次找尋起好看的外殼，有趣的靈魂，寄望於下一段的曖昧。

一花時間動腦不會疲累，走心、瞻前顧後才叫累一

情感開始萌芽之時，你從好感升級至欣賞，從喜歡轉為愛，沒人能拿捏這個過程該花多少時間去經歷。奉獻時間和心力給對方，只求對方也能同等回饋、留點心給自己，在心裡認真思考兩人的未來。倘若現實不如計畫，你內心的小劇場也莫名跟著焦慮不安。

為自己在乎也感興趣的人奔忙，我們幾乎察覺不到時間飛快、身體疲累，所作所為都是合情合理的快樂，只為贏得對方的歡心；然而，**最怕自己一廂情願的努力，對方還是無動於衷的敷衍了事，**

更多時候，「一人單戀」比「二人熱戀」來得更辛苦，除了走心之外，明知道不會開花結果，還是硬要不離不棄的付出，終究只是浪費時間、毫無意義。

不聯絡只是因為不想聯絡，跟忙不忙一點關係也沒有

你問我，見了幾次面，為何遲遲沒有後續？約了幾次飯局，總因為工作繁忙或剛好有事不克前來？對方明明看起來也很喜歡自己，為什麼在一起之後還留著交友軟體？於是，你開始檢討自己是否哪邊做得不夠好，是不是哪裡不如他意，又或者你根本不是他的心之所向？一連串的自問，逼得你想破頭也找不到可依循的線索，手機訊息已讀不回、電話沒人回應，但你卻發現他——始終都在交

友軟體的線上，亮著燈。

別再裝傻了吧，其實你從一開始就知道答案。不想與你聯絡，他沒有藉口與理由，也沒有過多的遮掩，擺明就是要讓你知難而退，跟忙不忙一點關係都沒有。事到如今，你也得為自己止損所有的付出及思念。交友軟體首要的規則，就是彼此各取所需無須太過計較，誰先暈船誰就輸了。

要知道現代愛情，隨興也恣意，你與陌生人從開始到結束，全程都在比誰最快退去熱情。

二手的愛情，誰都不想扮演壞人，
只能小心翼翼地進行，
同時也光明正大讓你知道不再愛你。

09／擦乾淚水後，請祝福他和他的另一半

記得他們二十八歲時在一起的那些日子，外人看來覺得登對、美好，遺憾最後仍是以分手收場。

好友小蔡是個好勝心強的工作狂，老闆很器重他，甚至想提拔他到上海工作，擔任集團的品牌經理。他不僅大男人又是急性子，女友 Lucy 倒是個性相當溫順，偶爾碎嘴抱怨、挑剔小蔡的脾氣，但兩人也不會冷戰爭執。

直到有天，長時間在海外出差的小蔡回到家，一進門就察覺到家裡氛圍及女友神情不對，但就是說不上來哪裡怪。

某天，他們出門去餐廳吃飯，一封簡訊打破了彼此的關係。當Lucy去洗手間時，她的手機傳來了：「很想妳，他是不是出差回來了？我們要怎麼約下次見面……」等文字，不巧被小蔡瞧見螢幕顯示，氣急敗壞之下要求女友當面說清楚。原來，早在半年前她就出軌了，對方是小蔡的大學同學，出軌的理由竟是聚少離多、耐不住寂寞。

把問題的癥結點說開後，兩人決定分道揚鑣，也理性明白綑綁一個不再愛自己的人是非常痛苦的事，沒有了愛及信任作為基準，關係之間的猜忌埋怨，自始至終都會是一顆未爆地雷。離開一段沒有緣分的感情絕對很痛，但假裝還愛著對方，更是令人折磨不堪。

轉過身後，認清事實也無須留戀，日子依舊得繼續過，人生也還是得自己掌控。**失去愛，並不是終點，而是「心」的開始，最終你將體悟，原來自己期待的從來都不是和解的答案。**

無論離開的理由是爛尾還是緣分，脫手後，你依舊是最大贏家

無法走到終點的結局，除了遺憾，多餘的情緒與糾結也只是徒勞。釐清故事的所有過程，往後的人生各自安好，何嘗不是一種柳暗花明。當你愛的人不再愛你，多數時候是兩人已失去感覺、不再溝通、無法滿足承諾，不愛的理由就算只是雞毛蒜皮的小事，也都可以成為壓垮兩人過往情誼的最後一根稻草。

愛，是我們心底最柔弱的一塊，有著最初記憶猶新的感受。既然彼此之間已沒有了愛，從現在開始，就別讓自己總是活在傷心的曾經、沮喪的迷霧，而成為一個無法向前、再享受愛的人。

一 二手的愛情，對某些人來說卻是當季新品 一

反反覆覆吵了多次架，嘗試溝通也都無法挽回，即便你極力爭取也無法再亡羊補牢，最終只好分手。雙方都不想帶著虧欠及悔恨，重啟新身分展開新生活。無法和你一起走到未來的人，或許中途便會開始騎驢找馬，等到適當時機便離你遠去。

別人不要的，或許是你想珍惜的；而你想用力抓緊的，更有可能是別人的。就像二手衣拍賣市集，每個人都想淘寶找新鮮，談好

價格後檢查品質尚可接受，便立刻帶走變成自家衣櫃裡的新衣。愛情也是，你推開那個認為不對的人，兜轉了一輪，在對的時間還是會有人如獲至寶般的珍惜。

離開一段讓你受傷的感情，需要時間復原，讓自己盡快走出陰霾，但唯有你真正想通了、釋懷了、放手了，才能平靜地為下一段愛情的到來提早做準備。

一說不出口的祝福，等待著雨過天晴的諒解一

當付出的愛無預警地被掏空時，那種身心靈的煎熬及難過，絕對無法用言語所描繪。他愛上了你身邊熟識的朋友，你同時失去兩個人，多麼荒唐的感受，嘴裡說不出祝福，心裡也留下了難忍的痛

楚。即使痛徹心扉地想挽回情誼，但他們卻已緊閉雙耳，只想保護自己。

愛情是不可控的東西，到底要怎麼做才算不犯傻？不會繼續悔恨及懊惱？又該如何明確知道，此刻要不要重新再給彼此一次機會？甚至，與這些日子的回憶和解，進而放手。愛情之所以那麼迂迴，多半是過程中有著重重交疊的慾望、快樂、悲傷、承諾及期盼並濟牽絆。當感覺沒了，我們習慣擦乾眼淚，淡淡說出「遺憾」這兩個字。

如果當時再多加忍讓，而我也退一步回應答案，也許，我們現在還能在一起，沒有他人介入其中，至少證明自己願意為錯誤再次努力，等待真正取得諒解的一天。

CHAPTER 4

#自癒

體悟真心，從此不再讓誰耽誤自己

不再害怕寂寞，
甚至懂得享受一個人的自在與恣意，
更不讓心情無謂地患得患失。

01 / 如果我們不再聯絡，是因為日子過得比你從容爽快

根據牛頓的「慣性定律」，除非物體受到外力作用，要不然，保持靜止的物體會一直靜止不動；而沿一直線作等速度運動的物體，也會一直保持等速運動。回到日常也是，現代人在忙碌生活中找尋自我平衡的方式，可以從周遭朋友、親密愛人、家庭成員等來讓自己心態保持穩定行進，過程中也需要有引導的目標及動能來驅使。

倘若永恆可以選擇，首當其衝，你得要避開不對的人事物，以及長期內耗自己的複雜關係，很多時候，這都是來自於熟悉你原生

背景、摸透你情緒變化的親近友人，甚至枕邊人。

愈是懂你的人，就愈容易操控你，總是期盼你能做到盡善盡美，一旦你不小心失誤或者結果不如對方預期，便直接降罪：「怎麼總是粗心大意也不盡心」、「是因為你不夠信任他而導致關係出現裂縫的吧」、「拿掉苦勞，你所做的一切有什麼功勞？」習慣了逆來順受，被迫認同無謂的情緒勒索，過程中或許聽不出有任何問題，只是到了某天你會猛然驚覺：「自己懷疑人生的焦慮綿綿不絕」、「對方真的有重視你的感受嗎？」但沒辦法，是你同意讓事情順理成章的發生，你的不開心說穿了就是沒有任何反擊，始終找不到快樂的源頭與平衡情緒的方法。

人生總是來來去去不同的人際圈，開始與結束各種關係，在各階段中扮演的角色有時重、有時輕，有些是必須演到最後，更多時候只是陪著過水。人生有趣之處在於當下的選擇決定了未來，你可以為自己的定位加戲，或是由配角轉為主角，但無論是何種身分的切換，都不會在遇到對的人時，即一眼看透所有的過往，直到你能真正相信自己，在與任何人相處時都能以最自在的樣貌來經營關係。

就算選擇不再往來，也不是因為自己變得冷漠，而是你決定從現在開始讓自己輕鬆、不再逃避，誠實地面對自己。**為了讓餘生更好，你決定不再拘泥於誰是誰非，實際一點為自己而活。**

有人排斥，但也會有人接納你最原本的樣子

工作後，你談過幾段感情，一路到結婚生子，一連串過程的開

始及結束，你都在選擇最適合自己的生活方式，其中包含家庭、伴侶、事業及心之所向的未來面貌。然而，過程中難免也會遇到讓你感到無可奈何的人事物，不知該如何取捨。**關係綁著情感，沒有正確答案，只有接受過後的感受是否讓人舒服，並盡力減少後悔不斷發生。**

有人喜歡，必定也有人不愛，不論在檯面上還是私底下，我們都不可能在人前只呈現出好的一面，那並不真實。你是否有自信，大膽說出內心感受，也在愛的面前如此誠實？無論是誰，都是平等的，有人在你最無助的時候付出關愛，你也會在心裡默默留一個位子給對方。

不再聯繫，不用道別，各自安好就是最好

曾與誰如膠似漆，如今卻是無聲的沉默，你沒了感覺，對方也毫無音訊，只留下回憶和無法兌現的承諾。現在的你已經學會如何自處，不再害怕寂寞，甚至享受一個人的自在與恣意，不再讓心情無謂地患得患失、高低湧起。

一開始時，兩人對於未來的憧憬建構在美好的夢幻殿堂，過程中雙方也都努力付出，避開稍有不慎的失敗沮喪，直到有一方逐漸感到累了、厭倦日復一日的單獨使力，嫌隙也隨之而來。仔細想想，現代人談感情或未來，往往「有福，同享；有難，不見得能一起擔」，既然是你的一廂情願，何必拉著我蹚這趟渾水？「當下」快樂就好，至於「未來」，那是誰也抓不準的明天。

成長過後的自知是不須迫切於找回過往的感覺，不再聯絡，只求我好你也安好，不再打擾彼此的新生活，才是成熟大人在關係中必修的雅量。

—你必須從容自信，才懂享受當下的浪漫—

不好的日子都過去了，那些不對的人及消耗的團體已不屬於你，雖然不知道接下來的人生篇章將如何發展，但有時互不打擾，保持著最適當的距離，是彼此過好生活的唯一道理。當你重新感受到從容帶給自己的自信，也懂得凡事都為自己保留具彈性的空間，愛的開始就不遠了。

試著再愛一次吧！即使你也可能再痛一次，然後，你會一次又一次學著調整節奏與接受，為真愛而不辭勞苦，那是因為你懂得並已準備好擁抱自己的緣故。

糾結不已的內心戲，
多數時候都只是自己的幻想，
『不安全感』才是扼殺愛情的
罪魁禍首。

02 / 爭執後的溝通，是真心說開？還是分手前兆？

使情緒湧上的原因有百百種，但讓情緒崩潰、無法再前進的，往往就是「分手」。

交往不到三週，Derek與大他三歲的女友一起說好要到外縣市走走。除了萬分期待，免不了也擔憂頭一回在外過夜彼此會不會有令對方尷尬的習慣。當天，一路上有說有笑、相依相偎，充滿著甜蜜氛圍，從自拍打卡到跑完特色景點，像極了學生時代的戀愛美好。

晚餐時間，兩人走到一家餐廳門口，女友說想吃路邊的當地小吃，而他卻想在有冷氣的地方舒服地坐下來好好用餐。為了吃飯的地方，竟吵了快半個小時。終於回到民宿，充滿睡意的他直接撲倒在床上，沒有盥洗也沒有脫襪，一秒惹怒有潔癖的女友：

「你的生活習慣也太糟了吧，可不可以洗完澡再上床睡覺！有聽到我在跟你說話嗎？」口氣相當不耐。

「有，聽到了！看來我們好像不太適合再繼續。」他立刻起身坐在床上，清醒地回答。

實在是被念到受不了，加上一整天連續陪她跑了五、六家她想去的網紅店，本來愉悅的心情，已成了過度疲憊的不耐煩。回想這段時間交往的摩擦及配合，一忍再忍、不斷壓抑的情緒大爆發，於是脫口而出「我們分手吧！」無須再繼續假裝相愛，畢竟自己早已沒有走下去的動力，何必還要歹戲拖棚。

兩人會在一起或者分開，絕對不是自然而然，而是刻意的安排，彼此有意促成的結果。會分手，早就是一場預謀，透過一些毫不相干的雞毛蒜皮小事，導火引燃情緒，挑起激昂憤恨，不給任何可談的轉圜空間，也不想冷卻非理性的失控。若想要維持一段長久感情，在爭執過後，**還是會想起在一起的初衷，釐清究竟為何而吵、為何冷戰，並在協調之後雙方各退一步，為的就是想好好鞏固得來不易的緣分，不想在失去之後而後悔不已。**

唯有雙方心理素質夠強大，條件才會平衡。你主動為自己繫上愛的安全帶，而非總是要求對方不辭辛勞地為你繫上，要體諒他也有疲憊與厭倦的時候。

誰都無法預知愛情保鮮期的長短，卻可以假裝貪婪的占有對方

原本的親密愛人，如今卻互為假想敵，誰也不讓誰，連多看一眼都嫌厭惡。失愛一旦成立確認，儘管過往默契十足、笑聲不斷、回憶美好，想來格外諷刺又讓人討厭。「不愛了」是多麼扼要又不容推翻的理由，一旦說出口，關係立即喊停。

從此誰也不願意再看到彼此，甚至認為對方應該苦心求和、積極挽回，殊不知根本沒人想低頭認錯。曾經的情投意合猶如過眼雲煙，再也盼不回初識的熱情。無關談過幾段戀情，放不下的尊嚴，依然是戀人們最大的試煉。

愛情能否走得長遠，需要兩個人的努力經營，創造更多熱情火花以維持。勉強也好，拉扯平衡也罷，說不定的未來得靠「信任」

來支撐，甚至也必須包容彼此內心的不安。有些人不想面對已破裂的關係，於是選擇逃避或假裝幸福來鞏固大局，日子久了，仍然禁不起時間的考驗，最終也只是消耗殆盡心思與力氣。

到了曲終人散的那天，即使遺憾，你也得俐落地放下。自癒，是每個人一生都在學習的課題，**就算曾經刻骨銘心，關係也不見得可以好聚好散，別在原地消極打轉，拾起勇氣再次追求愛與被愛，才不枉人生如此精彩。**

朋友之間，
要互相信任也得留心觀察，
拿捏恰當的分寸，才能相處自在。

03 / 不是不想交朋友，而是不想和你做朋友

聽著Sandy惆悵而談：「我再也不隨便付出真心了，每個人都應該管好自己的嘴！」

幾年前認識Sandy，她是個很熱情大方的人，總是可以在飯局上聽到她的爽朗笑聲、侃侃而談自己的近況，從不吝於分享她對事情的看法，也會為事件後續落下她的觀點。像她這樣個性鮮明的女生，在團體中肯定是出風頭的，只要有她在，從不需擔心冷場尷尬。某次聚會，竟然不見她的身影，朋友的說法是：「可能她太雞婆，事

情管太多，讓自己被誤會了，聽說有些朋友不太想再與她往來。」聽完，我直覺這可信度應該不高，她的為人不是這樣的。但內心又有了另一個想法，倒也不是全然不可能，像她這樣口無遮攔的個性，說話的內容不僅容易被扭曲，不小心得罪人也是預料中的事。

話傳了朋友圈一陣子後，某天，她主動找我與其他朋友一起見面聊聊近況。過程中，她說話變得保守許多，深怕自己說錯話而被誤會，與過去的作風截然不同，判若兩人。她告訴我們，有些飯桌上的話，很容易事後被有心人「截長補短」變成另一種版本。像是一句無心的話：

她的原意是出自關心：「你怎麼瘦成皮包骨，日子是不是過得不好，如果需要我幫忙，儘管跟我說！」

旁人則過度解讀為：「Sandy是不是瞧不起我，嫌我瘦又過得苦，憑什麼我需要她幫忙！到底什麼意思？」

她搖著頭無奈地看著我們，同樣一句話卻有不同的解讀，讓好意由白轉黑，正所謂「說者無心，聽者有意」。這或許只是現代人「交友」的借鏡之一，讓我們開始懷疑關係背後的目的，以及過度敏感與人往來時的眼神高低。會有這樣的反應，可能是因為你曾經付諸的真心被不善良的人摧毀過；總想著對方應該值得更好，於是你用力拉起他之後，反被指責「關你什麼事」；甚至，我們都太不習慣被照顧得無微不至，彷彿自己很沒用的接受他人憐憫。當自尊大過於保護，愛，便容易被阻擋在門外。

不夠熟悉的朋友，請減少沒必要的傾訴，以及過於深層的掏心掏肺

通常第一眼就認定的好人，是因為彼此有共同的興趣喜好、背景相似。在這樣投射之下，而說出了自己內心的感受與建議，殊不知對方只是順著話題聊下去，純粹不想讓場面太尷尬、氛圍太冷場而已。

與人往來時必要的堅持與客套，是保護自己及給對方的彈性空間。如何填補場合裡的話題留白，是每個人都該學習的社交禮儀，但也切記，沒有人想聽你說你的豐功偉業、低潮時的負面抱怨，以及過於隱私的祕密。**最好的狀態是「點到為止，微笑不用回應，不對任何批評走心」**，甚至要控制總忍不住的「傾苦欲」，這都是為自己多留後路的社交規則。

愛，不分關係親疏，你要站遠一點、保持距離來觀看

認識人很簡單，但結交知心朋友卻十分困難，需要一些時間去理解彼此的底線與個性，進而找到平衡。朋友之間的相處，需要空間來避開那些不可觸犯的隱私及地雷，有時太近的關係，會讓人容易忘我而失去分寸，原以為的無關緊要，最終卻成了相互威脅的把柄；反而稍遠一點的關係，可以細水長流的經營，不求一時做好做滿，只要互相信任也留心觀察，同樣能夠相處自在。

所謂朋友，除了眼神確認無誤，更有一種不可言喻的默契，他們明白你的想法，知道你的喜好與厭惡，那都是長期相處後所累積的結果。你我都一樣，在適應他人的同時也被他人檢核，才能確認之後是否能一起併肩前進。

每個人都是獨立個體，當你有了人生目標，朋友至多只是互相陪伴的靈魂

擁有重要朋友能讓你更有安全感，生活中的每個細節都可以和他分享、聽你抱怨並給你專家般的意見；然而，你的人生，最終還是要自己朝著方向邁進，為了過上嚮往的生活而去刻畫理想。此外，你的真誠心意也很寶貴，不該在短時間內就給出太多，而是要在相處過程中評估對方，哪些是真實？哪些是檯面上？你得知道，人的樣貌不會只有一種，全憑他想呈現給你看的程度。

情誼，是必須花時間努力培養才有的信任，不該隨意踐踏。不論愛情或友誼，將就一段關係，你肯定不會快樂，那只是假裝討好、委曲求全。朋友，更多時候是合作與競爭共存，彼此鼓勵與打氣，真心話更是非說不可，哪怕冒著被你討厭的可能。

擁有懂你且靈魂有趣的朋友，是幸福的、舒服的、踏實的，他們會使你的狀態更好、更有能量，感受到愛的無與倫比、義氣相挺的真摯美好。

不打擾，是一種基本尊重，
就像是去別人家得敲門問候一樣，
但敲多了，就是沒禮貌。

04 / 不想麻煩別人，也不想被別人一直麻煩

自從過了二十八歲那天開始，你似乎從生活的磨練當中明白了什麼。工作帶給自己很多的價值，不單單是好聽的頭銜，更在意實際進入口袋的收入；不再找與自己年紀相差太多、價值觀不同的對象談感情，儘管他或她擁有稚嫩的臉龐、完美的身材，以及讓人忍不住想去呵護的可愛。至於朋友圈，更是在輾轉幾次之後，知心老友留下，其餘不適合的都悄悄離去，沒有爭執、沒有冷戰，只是有默契的不再聯絡。

你怕麻煩，也怕被別人造成麻煩。對於日常，你不願改變已經形成的節奏感，依循著自己訂下的潛規則，看人臉色總覺得似乎不太自在。

工作上，你困惑為何不能為自己「抉擇」未來，而是讓那些不太靠譜的人做出「選擇」，看著他人說著一套冠冕堂皇的話，真假實虛你心裡全都知道，也明白背後的目的與企圖。於是，你愈來愈害怕失去自己，可以隨心所欲過著嚮往生活的自己究竟去哪裡了？

幾年前，我從上海搬回臺北工作，沉靜一些日子後，我決定重新調整生活，因為認知到自己必須獨立思考，也理解這世上凡事都沒有永遠的絕對，不會守舊不變，也都有可談的空間，不再像以前那樣堅持己見。因為我明白了心態若緊抓著不鬆開，最後辛苦的還是自己，那種苦，是因擇善固執而被孤立、因不夠合群而格格不入。

試著勇敢面對內心，換個角度重新看待事物，無論好壞，都當作參考而不過度糾結。

沒有愛情的日子好壞參半，但你仍然可以穩穩推進，由自己選擇過日子的方式。同時也不打擾別人的生活，這是一種基本尊重，就像去別人家得敲門問候，但敲多了，就是沒禮貌、使人感到焦躁。仔細想想，愛與關係也是如此，你應該也能感同身受。

—渴望被陌生人打擾，卻被有心人虧待—

走過幾個人，譜了幾段戀曲，你成熟許多，學會迎刃而解對方拋出的變化球；心如果受了傷，就自己躲起來獨自面對，想出百般理由，好讓彼此都能有個既不尷尬且看似灑脫的臺階走下來。

然而，不知經歷幾年，你開始容易心累，知道哪裡有麻煩便不去碰觸，也不懇求別人。

這樣獨立的你，仍然渴望陌生人來敲門。正因為彼此生疏，沒有共同認識的朋友，生活圈毫無交集，自己才可以放膽觀察眼前這位似有好感的陌生人；一旦身陷愛與被愛的關係後，慾望及占有，便從心底最深處油然而生，你害怕自己不小心看走眼、下錯賭注，誤將真心託付給了愛情騙子。忽冷忽熱之下，才發覺竟是自己單獨彈著戀曲。

在這個城市談感情，終究抵不過新鮮感褪去的考驗，於是，你決定先對自己殘忍，在真情流露後盡快止步。即便冷卻後的愛情如此自私，卻也不得不承認，愛情的開始是那般動人心弦，引人深陷。

你的不好對付，只是假裝「獨立」的障眼法

對於不夠確定的人，要提早決斷，以減少事後的懊惱，所謂的「不想浪費兩人時間」也只是自己委婉的說詞。你不僅看穿也看透，面對如何放下的課題，有時是創傷後的信心重建，更多時候，你的偽裝全是自卑感在作祟，提醒你該全然接受自己，適應新的人。

你的不好對付，並非只有在愛情故事裡。我們都知道你有著受過傷的靈魂，也知道你現在對愛有點抗拒、甚至卻步。**但無論如何，未來一定會有人願意再次接住你，溫暖呵護不完整的你。正因為不完整，愛情可以更真實，更真切地面對彼此。**

一愛，從來都不是錙銖必較就會得到滿分一

反覆來回幾次從相遇到分開，你習慣這樣的開始，卻不習慣那樣的結束。過往所有的不告而別，你看見自己的每個狀態，有本能直擊的，有脆弱無助的，更有不知所以然的。於是，你累了，懶得再去計較誰愛誰比較多，即使今天以後你們不在一起，你的在乎，足以證明自己認真愛過。

相信時間終會讓自己成長，不再眷戀曾經依偎過誰的懷抱，你不再抓著悔恨、揪著遺憾過日子，也明白問題之所以難解是因為彼此看待的角度不同。**倘若有天你能真正放過自己，善待自己，給自己預留彈性空間，當下次愛情來臨時，你也會放鬆享受愛的過程。**

朋友來來去去，
唯獨友情的愛，更使人領悟永恆。

05
/
生命的離開，不代表真的不會再見

Antony是我人生中，跟我親近且第一個「走得前面」的朋友。

我們曾因工作關係一同出差，甚至找了三五好友組團去旅行，因為頻率接近也有默契，我和他成了無話不說的好友。某次一趟旅行結束回到臺北，從其他朋友口中得知他已癌症第三期，我們就算擔憂，也只能默默地陪伴，盡可能滿足他所想要完成的願望。

二〇一八年的酷熱暑假，他對我們說想去地球的另外一端。於是，幾個朋友商量好訂了來回機票，陪他共同前往距離快七千公里的中東阿布達比。旅途中還擔心他會不會因為時差而受到影響，但他還是充滿活力的與我們共進每頓早餐，言談中絲毫感受不到他的悲觀。

但從那之後，他的身體逐漸每況愈下，再也藏不住憔悴，而有了不同於過往的面貌。

多數時候他還是那個樂觀正向的人，在社群軟體上分享自己掉髮的照片，說著稀鬆平常的事情，還請大家不要為他擔心。但當他發病時，會突然變得暴躁並陷入重度憂鬱，心情低落到只能躺在病床上，持續換藥打著點滴。

於是，身邊的朋友愈來愈少，畢竟沒有人能承受得起這樣大起大落的情緒，甚至聽到他已無法下床的消息，也沒人敢與他聯絡。此時的他，既無助也無力，更遑論任何情感表達。雖然內心渴望有人可以陪著他、保持原有的人際關係，但又害怕朋友嫌棄自己病懨懨的樣貌，離他遠去。

不到半年的時間，他在一個夜裡安詳地登出人間，我寧靜送行並深深祝福。人在面臨死亡之前，難免會感到惶恐與無助，卻也因為擅長偽裝，總習慣在他人面前只呈現出最好的樣貌，華服美食、生活精緻，至於是真是假並不重要，即便來到離開這世界前的一刻，依舊要演得徹底，只為留給他人完美印象。

唯有**誠實面對自己，無論好與壞，在你最脆弱的時候，愛你的人始終不曾離開。**

愛與被愛，都很美麗；生命之前，你我皆平等

身邊朋友來來去去，更別說會走入心底讓你記得的，少之又少。假設有一天，對方提早說了再見，請你也學著放手並正視這個事實。任誰都可能經歷生命的波瀾與意外，只是必須到了一定年歲再談失去，心境上才會更加坦然。

儘管大家都知道必須好好振作，盡快釋懷，然而，一想到從今爾後將無法再見到這個人，曾經一起合照的回憶、走過的風景，都抵擋不住心中難以言盡的不捨與傷痛。於是你開始學習接受，只因為你曾經真切地在乎過、愛過這個比情人還更貼近你的心的朋友，這份情誼不會消失，將永遠留存在彼此心中。

慶幸我們的認識，提醒了自己不夠完美

從朋友眼中，你看見自己無法偽裝的脆弱與自卑，誠實面對自己不完美的真相；嫌棄一個人，或許是你潛意識逃避自己最想隱瞞的缺點，不想有人發現、進而窺視。有趣的是，偏偏我們總是容易靠近氣味相投的人，就連思維與動作都一樣。

於是，我們應該感謝他們的來到，就像在鏡子裡看到自己那般，偶爾喜歡，偶爾也厭煩。你對好惡的直覺太過鮮明，於是你決定繼續練習倚賴他人，願意相信友情背後有愛的維繫。

走遠了沒關係，就先停下，還給自己決定是否該前進的權利

有時出自於禮貌，我們會把「朋友」當作最不尷尬的稱謂，因為不想得罪任何關係。在每段關係之中，我們都在切換不同身分，嚮往成為好的人、演化成為善良的人，卻從未問過自己是否真正快樂、真正自在。

誰離開了圈子，誰進入了你的生活，在人來人往之中，你變得圓融、體貼，卻不知在這些看似懂事的背後是你用了多少的失望才換來此時的良善。工作可以適時暫停，關係也可以止損喊卡，唯獨人生是無法停下腳步，需由自己親自去感受好壞。

就算遺憾，你仍得好好活在當下，不再眷戀過去及擔憂未來，使自己受困於前進的半途。沒有人可以挾持你的心，多數時候是自

己抓著不甘及不捨，你得為自己解開心結。

都會人的愛情，
已不再只有單一模式，
而是多元管道，
別總覺得自己和別人不一樣。

06 / 各自獨行，不用誰的愛情模式來刻畫

每個人的愛其實都各有自己獨特的模樣，重要的是身處於愛情之中的兩人，無論是否被看好，只要彼此都感覺自在舒服，並且願意一起承擔因愛而來的責任，就是愛最好的狀態，無須過於執著年紀大小、性別取向。愛，就是如此徹底與單純。

好友Amos和他的約會對象每隔三、四週才見一次面，彼此都是「獨行俠」。他們堅持不同居，雖各自打理生活，但也將對方照料得很好。旁觀者看來，雙方都是事業優先的工作狂，平日下班都已

經晚上九點多，加上經常出差，更別說一個住基隆一個住新竹，鮮少有機會見面也是自然。

這對情侶的相處真的很「佛系」，除了不會執意一定要時常見面外，也不會大肆慶祝紀念日或情人節。原因是過節的成本太高了，除了吃飯還要送禮物，只是燒錢買面子而已，倒不如在家料理一頓好吃的，看見合適的鞋子或衣服就直接買下來送給對方。不是不想跟著全世界過節，而是愛本該更簡單平常。

正因為我們的每天生活和工作已經夠忙夠累，愛情，應該更輕鬆一點看待，少點壓力與猜忌，才能走得更久、更踏實。**不要被社會主流影響了你對愛情的定義，更不必用誰的愛情模式來刻畫自己、勉強對方。**

你我信仰的愛情，不見得相同，但真摯付出的情感則是不變的條件

雖然日新月異的趨勢和科技不斷改變你我的感情觀、交往方式和相處模式，但唯一不變的是面對愛的真誠、擁有共同話題與持續的分享，即使日子過得無聊但也美滿，誰說非得轟轟烈烈才算真愛。

因為愛，不再獨自一人時嚷嚷寂寞，不會各自生活便忘了兩人相處時的快樂，即使等待也沒有焦慮不安的猜忌。因為愛，你放寬規則與認同，自然也就減少了無謂的煩惱。因為相信，愛變得輕鬆也自然，從此不再庸人自擾。

請視愛情為對自我的探索，帶領你找到其他的可能性

無論你正處於關係之中，還是暫時回到一個人的狀態，每段關係都為你打開了一個全新的世界，過程中盡情探索，並找出在愛裡自己最真的模樣。你知道自己從關係開始到結束都是認真投入，直到你們對於彼此的期待難以平衡時，也謹慎地去談一場理性分手，就算沒辦法一起走到最後，請視對方為自己生命歷程中，最特別的存在。

從年少青春到此刻此時，談過的戀愛，好比進行一場市調，你帶著一張白紙，再三驗證自己對於愛的感受。每一個與你交手過的人，都使你更清楚知道自己想要什麼、不適合什麼，以及渴望怎樣的一段關係，最終目的是讓你練就與某個人走完一生的本事。

時間短暫不見得不是真愛，只要你們真實的愛過

儘管你們都知道這份愛情沒有未來，卻依舊投入了完整的熱誠與真心，那就值得了。能夠與對的人廝守終生，自是讓人羨慕；但我認為，誰都無法預知明天與意外哪個先到，因此，想愛就去愛，而且還要愛得徹底。

即使最後分開了，你也不言後悔，因為不論時間長短，都無法抹滅你們曾經如此相愛。**只要想著，云云眾生之中你們能夠相遇，已是莫大的幸運。**

最好的安排，是先讓心境舒坦後，
再不負彼此地繼續走下去。

07 / 了解自己，是為了降低又繞回冤枉路的機率

相信愛情，即使它帶來悲傷也要相信愛情。
有時候，愛情不是因為看到了才相信，而是因為相信才看得到。

以上這段話出自印度詩人泰戈爾的愛情金句，也是他歷久彌新的經典愛情觀。後疫情時代，我們期待未來有悸動，卻也深怕等太久、等不到，使自己蹉跎光陰，耽誤了誰的人生。

疫情使你我變得實際，不想原地踏步，價值觀也有了不同於過

往的看法。朋友Ryan是一位資深美髮師，不僅一天工作超過十個小時，甚至休假時也協助同事消化週末前來的客人，可說是全心全意地奉獻給了工作。

他對於美的事物尤其要求嚴格，連擇偶這件事，也比一般人更高一階。像是女孩的個性一定要獨立自主，且經濟獨立能養活自己，最好有五十萬以上的存款；長髮且容貌清秀，必須體諒他的工作無法規律休假；不能抱怨沒時間相處，約會必須各付各的……各種預設條件，在在反應了他的吹毛求疵。但也因為「目標明確」，交往的對象格外清楚知道遊戲規則，就連分手也都不拖泥帶水，只是願意和他談長久感情的人，完全沒有。

他故作瀟灑的說：「省得麻煩。我都過三十五歲了，要誠實面對自己，現在不做自己更待何時？」

這幾年，看他先是從交友軟體找對象，往往過程不到幾週就告吹，不是受不了他的脾氣就是雙方個性不合，只想當下玩玩、爬到床上就終結；後來雖然他也開始小心翼翼與對象交往，卻都敗在三觀不一、對未來沒有共同前進的方向，不到一年時間就分手。這一路上的挫折並沒有消滅他對愛情的追求，甚至愈挫愈勇，也更坦然正視自己的情感。

真正的愛是不說謊，哪怕是一個違背良心的藉口也不說，之所以選擇誠實以待自己與對方，是為了用心領悟彼此真正的需求是什麼？所堅信的價值觀又是什麼？不急著進入關係的原因？如果不是因為愛，可能這輩子，你都不知道自己想要的未來是什麼模樣。

不論單身與否，愛自己，都是最基本的事

「愛自己」已是老掉牙的叮嚀，就像天冷要加件衣服、肚子餓記得去吃飯、怕遲到就該早點睡覺一樣。好好照顧自己，無論是單身或是有人陪伴，都是最基本的自愛。

成年後的你看待愛與關係，已比年少時候來得更真切、扎實。在一段關係中，當務實的理性遇上盲目的感性，內心總有一把尺衡量著你與對方的未來距離，於是你懂得把關兩人之間的風險，不再願意浪費時間，一切都是思考過後的決定。與其說這樣是世故，倒不如說是真切了解自己合適什麼。

愛的潛規則，
是心甘情願把生活過成你與他的日常

「你覺得呢？」、「你有什麼要跟我說的嗎？」每一天，你總是想聽聽對方的想法以應證自己的作法是否正確，但更多時候也不過只是做做樣子，好掩飾自己內心的不安及猶豫。

經過幾段感情之後，你漸漸明白愛的動機是什麼，**你懂了愛是你願意把自己的生活，活成你們的日常。**忙碌現代人所面對的課題，是如何與伴侶一起成長，創造雙方共有的回憶，以便當你感到無助時，能想起彼此共同經歷的過往，而不再孤單。相愛的初心讓你們成為彼此生命裡的唯一，只要堅定地相信且相依，就不怕夜深人靜時寂寞悄然入侵。

一 誰都不曉得真愛報到的時間 一

對於這世代的我們，愛情，已不再侷限於物理上的距離，重要的是，學習在愛裡如何好好愛人，並且理解自己，共同尋找愛的本質。愛，可以是擁有兩人的親密關係，同時仍能享受一個人的獨立，保有自我。

或許你也曾為自己設定框架，列出多項理想情人的條件，即使再三確認過眼神，靈魂也不會告訴你答案，唯有默契能使你與對方心靈相通，從此不再盲目尋找。

無論你是嚴格對待自己或是別人，那都只是自我保護的障眼法。真正的愛，是無條件的接受你無心的錯誤與過往的傷痕；當你難過，他也感受你的難過，陪著你一起面對；心情愉悅時，他也會因為你展露笑容，而會心微笑。

結束曖昧最好的安排，
就是毅然決然的離開，
離開將使你自由。

08 / 別忘了，你還擁有修復愛的本能

令人心痛的愛情有很多版本，不論是兩人貌合神離的各自玩耍，或是其中一方因不愛了而想中途提前下車，說分手的畫面始終刺激著感官，其中摻雜著遺憾與不甘、怨恨與妒忌，更多時候還隱藏了未完的情慾與因期望而生的失落。

在美妝公司上班的小珊，已過了適婚年齡，撇開工作上拚命三娘的封號外，她對婚姻的極度渴求也是朋友圈內眾所皆知的事。某天夜裡，寂寞及無聊相繼來襲，她下載了三個交友軟體，瞬間打上

一連串挑逗的匿稱。自那天之後，手機桌面「叮咚」不停的訊息提示，使她享受於虛擬世界陌生人積極追求的快感，那是現實生活未曾滿足她的待遇。

當虛榮與不切實際交錯充斥在她的工作與日常，沒過多久，她變得失魂落魄，情緒隨著手機訊息多寡而起伏，像個精神渙散的失眠的人，既亢奮也渾渾噩噩。

經過幾輪下班後與週末的約會，她與幾個想要快速成為伴侶的對象，終究經不起真實的相處，有的人跨不過太規律的平淡，有的人則是不想太快安分守己；更有些人打著以結婚為前提的謊言，卻以上床為目的。

回想那段荒謬的日子，她連一個約會對象的名字都記不住，更別提長久的未來計畫，如今想想實在是浪費力氣及時間。她不免自問自答，這世上真的會有和她一樣想結婚、想穩定下來的人嗎？還是在愛情面前，每個人都擅長說謊，想穩定早已是天方夜譚。然而走出虛擬，不是所有人都像她一樣，不行就再換下一個人；很多人可能錯過一次，就從此把自己封閉起來。萬一走到曲終人散的路口，我們又該如何知道，自己在當下已經做了最好的選擇？

—我們現在是什麼關係？你對我是認真的嗎？—

愛，並非永遠都存在著鮮明的畫面，有時感覺來了，只是一個起心動念，就開始沒日沒夜地在腦海中編織著兩人關係，於是總是逼問著：「我們現在是什麼關係？你真的喜歡我嗎？」其實對方從一開始就不打算長久認真，只是你忽略了他不愛你的眼神、不願被你打擾的暗示、毫無默契的互動，這一切在你內心都已有明確答案。

結束曖昧最好的安排，就是毅然決然的離開，離開將使你自由的呼吸，那麼為何不放手？單方面緊抓的人，並不會比較快樂。

不曾了解對方，不知愛或不愛，反映著你根本不懂自己

稱不上是朋友，但彼此也確實嘗試交往，也互相暗示不想太早安定下來。你可以有更多機會去探索自己，以及告訴對方你所憧憬的相處默契。他習慣自由及無負擔的非固定關係，而你知道自己會因什麼而受到刺激、甚至隨時可以終止這段關係。

當寂寞來臨，你能毫不費力地找到對象，即使這個人離開，接

替的人也隨即補上。對此，你很少留意到自己的無助與難過，但這都是需要被正視的情緒。接著，你又在無數的對象中來回穿梭，開始感到空虛，並且質疑愛的存在。你誤以為必須透過他人來化解自己內心的孤獨與不安，同時也否決了你有獨處和修復自己的本能。

不管最終是和平分手，抑或憤恨難平，倘若你還是愛著對方，那就誠實面對那份愛吧；如果無緣繼續或嘗試無果，也別過度自責，起碼在這段關係中，你選擇對自己坦白。記得下次追尋幸福時，多一點默契交涉，少一點點焦慮苛求，任誰都需要喘口氣去思考關係的未來，你也獲得多一次了解自己的機會。

好好把握最有本事、最有體力的現在，
做點有意義的改變，從此不再追悔。

09 / 感謝遺憾，道別過去；活在當下，成就未來

幾年時間過去了，我認為你們都過得很好。當我選擇原諒自己之後，總算卸下枷鎖，為自己找回喘口氣的權利。愛過也恨過，已無須反反覆覆再回頭窺探曾經有過的感動。

愛，讓我們成長，也認清了當局者迷的事實、釐清微不足道的糾結與情緒。或許你能從過往的故事，思考當時某段回憶，無論是快樂還是難過、無助或是滿足，重啟被愛與愛人的勇氣。

讓我們試圖把心房敞開，為自己好好規劃新的生活、新的目標，甚至耐心等待對的人在對的時間點出現。若你時常沉浸在曾經的痛苦與遺憾當中，將使你無法勇敢向前，以及真正相信愛；人生始終是自己的，你要去安排及追求，請再給自己一次試愛的機會去相信愛情的本質，誠實看待愛在你身上留下的畏懼、退卻與猜忌，將恍然大悟，原來是自己未曾真正地原諒自己。

好好把握最有本事、最有體力的現在，做點有意義的改變，不再去追悔、拋棄懷疑的心態。對於未來逐漸破繭而出的此刻，正視已知、窺看未知，種種一切都可以懷抱期待。活在當下檢視你所擁有的，並允許自己再次擁抱愛的可能；喚醒內心，重回初衷的自我探索，揮別不符合時下的過往，你能更灑脫的放下，在會心一笑之後轉身釋懷。

改變，並沒有最佳的時間點，而是在每一次的鼓起勇氣後，靜下心來傾聽並堅信自己，才能翻起下一頁。放開心中既有的定見，每一段關係開始時，愛都能包容一切，你就是你，更不需要為這樣的自己道歉。

當你開始認知到所有事情都是為自己而計畫，抬頭看見希望的那片天空，只要你願意往更好的方向翱翔，就沒有放棄展翅高飛的藉口。

愛過就好，鬆開手後也不全然都是失去

我們都曾在某個時刻突然想起某個階段的美好，儘管已經逝

去，也稱不上是愛情，卻仍是一段刻骨銘心的回憶。曾經最緊握著的手、過不去的糾結，都在此刻經過時間的更迭後，變得平淡。令人欣慰的是，最後被想起的畫面，多半是美好、值得紀念的日子，這些都是因為你領悟到「愛過了，便好；恨過了，其實也沒那麼重要」，鬆開手後，對你而言就是獲得最高的自由與豁達。

對於已逝去的遺憾，也不該過度分析；面對滿懷希望的期待，也不苛求有誰會為你做好做滿。不刻意強求答案，不過度執著舊念，就算不如預期，也應相信初衷，一切都在變好的路上持續著。

一 不甘心，說穿了是「沉沒成本」的陷阱 一

「任何情感都可能是最經典的案例。在一起愈久，就愈難斷捨

離。」過程中不免抱持著賭徒心態，這回合沒有贏到錢，下一回合就再加倍努力把它贏回來，於是「不甘不願」，持續堅持既有態度，即使愈做愈痛苦，你都習慣再次說服自己，卻不知陷入死胡同、沒有適時喊停的人生只會每況愈下。

我們可能都做過瘋狂的錯事，走了一堆冤枉路，感受過一些難以啟齒的挫敗。**如果可以提早學習到沉沒成本的概念，轉變認知並調整方向、真切地吸取教訓，不畏得失，人生隨時隨地都是新的開始。**當然，也會有你已經很努力付出，卻得不到回報的時候，很可能只是純粹「方向」錯了，「反向思考」後便又能為你帶來新的美景。活在當下，為自己爭取多一點彈性以善待人事物，不屬於你的就別緊抓不捨。

宇宙的安排始終公平！
失去的，總有一個缺口加倍贈還給你

練習不再受到身旁無意義的聲音干擾而影響生活的節奏，你只要照著自己的劇本持續前進就好。到了某個階段，我們都需要寬心看待世上每件事情的順遂與意外，肯定自己，接受宇宙給你的天命。至於過程中該盡的努力、積極向上的氣場，都是你為自己人生保有的基本態度，而非不去努力就可以坐享其成，那麼，就算好事發生了也不會長久。

相信曾經遺憾或者不如預期的，都是上天最好的安排。有天，當你不再拘泥時，所有曾經逝去的與被迫捨棄的，都轉換為另一種形式還給自己。愛也如此，當你對生命中的人事物真心付出，將會在對的時間點得到回報，輾轉流通後，屬於你的美好最終還是會回到自己身上。

好好跟過去說再見，只為自己認真，且活得深刻精彩；對於錯誤的、不好的、好事多磨的，道聲感謝後即轉身不再眷戀，未來由你作主。

在最好的年紀，過得從容而不妥協

作　　者　蔡侑霖 Danny Tsai
責任編輯　楊玲宜 ErinYang
責任行銷　鄧雅云 Elsa Deng
封面裝幀　高郁雯 Allia Kao
版面構成　黃靖芳 Jing Huang
校　　對　葉怡慧 Carol Yeh

發 行 人　林隆奮 Frank Lin
社　　長　蘇國林 Green Su

總 編 輯　葉怡慧 Carol Yeh
主　　編　鄭世佳 Josephine Cheng
行銷主任　朱韻淑 Vina Ju
業務處長　吳宗庭 Tim Wu
業務主任　蘇倍生 Benson Su
業務專員　鍾依娟 Irina Chung
業務秘書　陳曉琪 Angel Chen
　　　　　莊皓雯 Gia Chuang

發行公司　精誠資訊股份有限公司
　　　　　悅知文化
地　　址　105台北市松山區復興北路99號12樓
專　　線　(02) 2719-8811
傳　　真　(02) 2719-7980
網　　址　http://www.delightpress.com.tw
客服信箱　cs@delightpress.com.tw
ISBN　978-986-510-263-0
建議售價　新台幣360元
首版一刷　2023年1月
首版五刷　2023年8月

著作權聲明

本書之封面、內文、編排等著作權或其他智慧財產權均歸精誠資訊股份有限公司所有或授權精誠資訊股份有限公司為合法之權利使用人，未經書面授權同意，不得以任何形式轉載、複製、引用於任何平面或電子網路。

商標聲明

書中所引用之商標及產品名稱分屬於其原合法註冊公司所有，使用者未取得書面許可，不得以任何形式予以變更、重製、出版、轉載、散佈或傳播，違者依法追究責任。

國家圖書館出版品預行編目資料

在最好的年紀，過得從容而不妥協/蔡侑霖 Danny Tsai著. -- 初版. -- 臺北市：精誠資訊股份有限公司, 2023.01
304面；14.8×21公分
ISBN 978-986-510-263-0（平裝）
1.CST: 人生哲學 2.CST: 生活指導
191.9　　111020573

建議分類｜心理勵志

版權所有　翻印必究

本書若有缺頁、破損或裝訂錯誤，請寄回更換

Printed in Taiwan

線上讀者問卷 TAKE OUR ONLINE READER SURVEY

你必須從容自信，才懂享受當下的浪漫。

——《在最好的年紀，過得從容而不妥協》

請拿出手機掃描以下QRcode或輸入以下網址，即可連結讀者問卷。
關於這本書的任何閱讀心得或建議，歡迎與我們分享 ◡̈

https://bit.ly/3ioQ55B